대한민국 법령 시리즈 535

지방공무원법

법령

해광출판사

머리말

이 책은 방대한 법전을 보지 않고 간편하게 해당되는 법령만 참고해서 볼 수 있도록 하였습니다. 공공기관이나 관련 종사자들이 쉽고 간편하게 해당 법령을 참조 할 수 있도록 하였습니다.

법률이라는 것이 크든 작든 항상 변하는 관계로, 출간 이후의 정확하고 최신의 법률은 법제처 국가법령정보센터에서 확인이 가능하니 법률의 실제 적용 시 확인이 필요한 점 유의하기를 바랍니다.

편집부

* 수록 법률은 법제처 국가법령정보센터에서 확인 가능합니다.
* 발행일 기준 시행 법률이므로 최신 법령은 위 센터에서 볼 수 있습니다.
* 본 책자에 수록된 법률의 문구에 대하여 법적인 효력은 없으며,
  실제 적용 법률은 위 센터에서 최신의 법률로 확인하시기 바랍니다.
* 해당 법령과 함께 시행령, 시행규칙도 수록되어 있습니다.
* 발행일 기준으로 개정 예정 법률은 밑줄로 별도 표시되어 있으며,
  보다 정확한 것은 법제처에서 확인하기 바랍니다.

목차

지방공무원법

[시행 2025. 7. 1.] [법률 제20621호, 2024. 12. 31., 일부개정]

**개정 예정 법률 밑줄 별도 표시.

지방공무원법

[시행 2025. 7. 1.] [법률 제20621호, 2024. 12. 31., 일부개정]

제1장 총칙 〈개정 2008. 12. 31.〉

제1조(목적) 이 법은 지방자치단체의 공무원에게 적용할 인사행정의 근본 기준을 확립하여 지방자치행정의 민주적이며 능률적인 운영을 도모함을 목적으로 한다.

[전문개정 2008. 12. 31.]

제2조(공무원의 구분) ① 지방자치단체의 공무원(지방자치단체가 경비를 부담하는 지방공무원을 말하며, 이하 "공무원"이라 한다)은 경력직공무원과 특수경력직공무원으로 구분한다.

② "경력직공무원"이란 실적과 자격에 따라 임용되고 그 신분이 보장되며 평생 동안(근무기간을 정하여 임용하는 공무원의 경우에는 그 기간 동안을 말한다) 공무원으로 근무할 것이 예정되는 공무원을 말하며, 그 종류는 다음 각 호와 같다. 〈개정 2012. 12. 11., 2019. 12. 10.〉

1. 일반직공무원: 기술·연구 또는 행정 일반에 대한 업무를 담당하는 공무원

2. 특정직공무원: 공립 대학 및 전문대학에 근무하는 교육공무원, 교육감 소속의 교육전문직원 및 자치경찰공무원과 그 밖에 특수 분

야의 업무를 담당하는 공무원으로서 다른 법률에서 특정직공무원으로 지정하는 공무원

3. 삭제 〈2012. 12. 11.〉

③ "특수경력직공무원"이란 경력직공무원 외의 공무원을 말하며, 그 종류는 다음 각 호와 같다. 〈개정 2012. 12. 11.〉

1. 정무직공무원

가. 선거로 취임하거나 임명할 때 지방의회의 동의가 필요한 공무원

나. 고도의 정책결정업무를 담당하거나 이러한 업무를 보조하는 공무원으로서 법령 또는 조례에서 정무직으로 지정하는 공무원

2. 별정직공무원: 비서관·비서 등 보좌업무 등을 수행하거나 특정한 업무 수행을 위하여 법령에서 별정직으로 지정하는 공무원

3. 삭제 〈2012. 12. 11.〉

4. 삭제 〈2011. 5. 23.〉

④ 제3항에 따른 별정직공무원의 임용조건, 임용절차, 근무 상한연령, 그 밖에 필요한 사항은 대통령령 또는 조례로 정한다. 〈개정 2011. 5. 23., 2012. 12. 11.〉

[전문개정 2008. 12. 31.]

제3조(적용범위) ① 특수경력직공무원에 대하여는 이 법 또는 다른 법률에 특별한 규정이 없으면 제31조, 제41조제1항, 제42조, 제43조, 제43조의2, 제43조의3, 제44조부터 제46조까지, 제46조의2, 제46조의3, 제47조부터 제51조까지, 제51조의2, 제52조부터 제59조까지, 제61조, 제74조, 제75조, 제75조의2, 제76조부터 제79조

까지, 제82조 및 제83조에 한정하여 이 법을 적용한다. 〈개정 2015. 5. 18., 2021. 6. 8.〉

② 제1항에도 불구하고 정무직공무원에 대하여는 제31조 및 제61조를 적용하지 아니하고, 대통령령으로 정하는 특수경력직공무원에 대하여는 제57조 및 제58조를 적용하지 아니한다.

③ 제25조의2는 대통령령으로, 제25조의3은 대통령령 또는 조례로 정하는 공무원에게만 적용한다.

④ 제25조의5에 따라 근무기간을 정하여 임용하는 공무원에 대하여는 이 법 또는 다른 법률에 특별한 규정이 없으면 제29조의2, 제29조의3, 제30조의2, 제30조의4, 제38조, 제39조, 제39조의2, 제39조의3, 제65조의4, 제66조 및 제66조의2를 적용하지 아니한다.

[전문개정 2012. 12. 11.]

제3조의2 삭제 〈1981. 4. 20.〉

제4조(일반직공무원의 계급구분 등) ① 일반직공무원은 1급부터 9급까지의 계급으로 구분하며, 직군(職群)과 직렬(職列)별로 분류한다. 〈개정 2010. 6. 8., 2011. 5. 23., 2012. 12. 11.〉

② 다음 각 호의 공무원에 대하여는 대통령령으로 정하는 바에 따라 제1항에 따른 계급 구분이나 직군 및 직렬의 분류를 적용하지 아니할 수 있다. 〈개정 2012. 12. 11., 2015. 5. 18.〉

1. 특수 업무 분야에 종사하는 공무원
2. 연구 · 지도 또는 특수기술 직렬 공무원

③ 삭제 〈2010. 6. 8.〉

④ 제1항 및 제2항에 따른 각 계급의 직무의 종류별 명칭은 대통

령령으로 정한다. 〈개정 2010. 6. 8.〉

[전문개정 2008. 12. 31.]

[제목개정 2012. 12. 11.]

제5조(정의) 이 법에서 사용하는 용어의 뜻은 다음과 같다.

1. "직위(職位)"란 1명의 공무원에게 부여할 수 있는 직무와 책임을 말한다.

2. "직급(職級)"이란 직무의 종류·곤란성과 책임도가 상당히 유사한 직위의 군(群)을 말하며, 같은 직급에 속하는 직위에 대하여는 임용자격·시험, 그 밖의 인사행정에서 동일한 취급을 한다.

3. "정급(定級)"이란 직위를 직급에 배정하는 것을 말한다.

4. "강임(降任)"이란 같은 직렬 내에서 하위 직급에 임명하거나 하위 직급이 없어 다른 직렬의 하위 직급에 임명하는 것을 말한다.

5. "전직(轉職)"이란 직렬을 달리하여 임명하는 것을 말한다.

6. "전보(轉補)"란 같은 직급 내에서의 보직변경을 말한다.

7. "직군(職群)"이란 직무의 성질이 유사한 직렬의 군을 말한다.

8. "직렬(職列)"이란 직무의 종류가 유사하고, 그 책임과 곤란성의 정도가 다른 직급의 군을 말한다.

9. "직류(職類)"란 같은 직렬 내에서 담당 분야가 같은 직무의 군을 말한다.

10. "직무등급"이란 직무의 곤란성과 책임도가 상당히 유사한 직위의 군을 말한다.

[전문개정 2008. 12. 31.]

제2장 인사기관 〈개정 2008. 12. 31.〉

제6조(임용권자) ① 지방자치단체의 장[특별시·광역시·특별자치시·도 또는 특별자치도(이하 "시·도"라 한다)의 교육감을 포함한다. 이하 같다] 및 지방의회의 의장[시·도의회의 의장 및 시·군·구(자치구를 말한다. 이하 같다)의회의 의장을 말한다. 이하 같다]은 이 법에서 정하는 바에 따라 그 소속 공무원의 임명·휴직·면직과 징계를 하는 권한(이하 "임용권"이라 한다)을 가진다. 〈개정 2021. 10. 8.〉

② 제1항에 따라 임용권을 가지는 자는 그 권한의 일부를 그 지방자치단체의 조례로 정하는 바에 따라 보조기관, 그 소속 기관의 장이나 지방의회의 사무처장·사무국장·사무과장에게 위임할 수 있다. 〈개정 2021. 10. 8.〉

③ 임용권자(임용권의 위임을 받은 자를 포함한다. 이하 같다)는 대통령령으로 정하는 바에 따라 소속 공무원의 인사기록을 작성·보관하여야 한다.

[전문개정 2008. 12. 31.]

제6조의2(인사관리의 전자화) ① 행정안전부장관, 지방자치단체의 장 또는 지방의회의 의장은 공무원의 인사관리를 과학화하기 위하여 공무원의 인사기록을 데이터베이스화하여 관리하고 인사 업무를 전자적으로 처리할 수 있는 시스템을 구축하여 운영할 수 있다. 〈개정 2013. 3. 23., 2014. 11. 19., 2017. 7. 26., 2021. 10. 8.〉

② 제1항에 따른 시스템의 구축·운영 등에 필요한 사항은 대통령령으로 정한다.

[전문개정 2008. 12. 31.]

제7조(인사위원회의 설치) ① 지방자치단체에 임용권자(임용권을 위임받은 자는 제외하되, 그중 시의 구청장과 지방자치단체의 장이 필요하다고 인정하는 소속 기관의 장을 포함한다)별로 인사위원회를 두되, 시·도에 특별시장·광역시장·특별자치시장·도지사·특별자치도지사(이하 "시·도지사"라 한다) 또는 교육감 소속으로 인사위원회를 두는 경우에는 필요하면 제1인사위원회와 제2인사위원회를 둘 수 있다. 〈개정 2021. 10. 8.〉

② 인사위원회는 16명 이상 20명 이하의 위원으로 구성한다. 다만, 지방의회의 의장 소속 인사위원회, 임용권을 위임받은 기관에 두는 인사위원회와 해당 지방자치단체의 인구 수, 위원 선정의 어려움 등을 고려하여 대통령령으로 정하는 지방자치단체에 두는 인사위원회는 7명 이상 9명 이하의 위원으로 구성할 수 있다. 〈개정 2012. 3. 21., 2021. 10. 8.〉

③ 제2항에 따라 인사위원회를 구성할 경우에는 제5항 각 호에 따라 위촉되는 위원이 전체 위원의 2분의 1 이상이어야 한다. 〈신설 2012. 3. 21.〉

④ 제1항에 따라 시·도에 복수의 인사위원회를 두는 경우 제1인사위원회의 위원과 제2인사위원회의 위원은 겸직할 수 없다. 다만, 인사를 담당하는 국 또는 이에 상당하는 보조기관의 장의 경우에는 그러하지 아니하다. 〈신설 2012. 3. 21.〉

⑤ 지방자치단체의 장과 지방의회의 의장은 각각 소속 공무원(국가공무원을 포함한다) 및 다음 각 호에 해당하는 사람으로서 인사행

정에 관한 학식과 경험이 풍부한 사람 중에서 위원을 임명하거나 위촉하되, 위원의 자격요건에 관하여 필요한 사항은 대통령령으로 정한다. 다만, 시험위원은 시험실시기관의 장이 따로 위촉할 수 있다. 〈개정 2012. 3. 21., 2021. 10. 8.〉

1. 법관·검사 또는 변호사 자격이 있는 사람

2. 대학에서 조교수 이상으로 재직하거나 초등학교·중학교·고등학교 교장 또는 교감으로 재직하는 사람

3. 공무원(국가공무원을 포함한다)으로서 20년 이상 근속하고 퇴직한 사람

4. 「비영리민간단체 지원법」에 따른 비영리민간단체에서 10년 이상 활동하고 있는 지역단위 조직의 장

5. 상장법인의 임원 또는 「공공기관의 운영에 관한 법률」 제5조에 따라 지정된 공기업의 지역단위 조직의 장으로 근무하고 있는 사람

⑥ 다음 각 호의 어느 하나에 해당하는 사람은 위원으로 위촉될 수 없다. 〈개정 2012. 3. 21.〉

1. 제31조 각 호의 어느 하나에 해당하는 사람

2. 「정당법」에 따른 정당의 당원

3. 지방의회의원

⑦ 제5항에 따라 위촉되는 위원의 임기는 3년으로 하되, 한 번만 연임할 수 있다. 〈개정 2012. 3. 21.〉

⑧ 지방자치단체는 조례로 정하는 바에 따라 인사위원회의 회의에 참석하는 위원에게 실비보상을 할 수 있다. 〈개정 2012. 3. 21.〉

⑨ 위원은 그 직무에 관하여 알게 된 비밀을 누설하여서는 아니 된다. 〈개정 2012. 3. 21.〉

⑩ 위원 중 공무원이 아닌 위원은 그 직무상 행위와 관련하여 「형법」이나 그 밖의 법률에 따른 벌칙을 적용할 때 공무원으로 본다. 〈개정 2012. 3. 21.〉

⑪ 제1항부터 제10항까지에서 규정한 사항 외에 인사위원회의 구성에 필요한 사항은 대통령령으로 정한다. 〈신설 2012. 3. 21.〉

[전문개정 2008. 12. 31.]

제8조(인사위원회의 기능 등) ① 인사위원회는 다음 각 호의 사무를 관장한다. 〈개정 2010. 3. 22.〉

1. 공무원 충원계획의 사전심의 및 각종 임용시험의 실시

2. 임용권자의 요구에 따른 보직관리 기준 및 승진·전보임용 기준의 사전의결

3. 승진임용의 사전심의

4. 임용권자의 요구에 따른 공무원의 징계 의결 또는 제69조의2에 따른 징계부가금(이하 "징계부가금"이라 한다) 부과 의결(이하 "징계의결등"이라 한다)

5. 지방자치단체의 장이 지방의회에 제출하는 공무원의 임용·교육훈련·보수 등 인사와 관련된 조례안 및 규칙안의 사전심의

6. 임용권자의 인사운영에 대한 개선 권고

7. 그 밖에 법령 또는 조례에 따라 인사위원회 관장에 속하는 사항

② 인사위원회는 제1항의 기능 수행에 필요하다고 인정하면 임용권자에게 관계 서류의 제출을 요구할 수 있고, 제1항제4호의 사무

처리를 위하여 사실 조사를 하거나 증인의 증언을 요구할 수 있다.

③ 제1항제2호에 따른 사전의결 대상 및 제7조제1항에 따라 복수의 인사위원회가 설치된 경우 각 인사위원회의 사무분장에 필요한 사항은 대통령령으로 정한다.

④ 인사위원회의 징계의결등에 관한 절차는 따로 대통령령으로 정한다. 〈개정 2010. 3. 22.〉

[전문개정 2008. 12. 31.]

제9조(인사위원회의 기관) ① 인사위원회에 위원장 · 부위원장 각 1명을 두며, 위원장은 시 · 도의 국가공무원으로 임명하는 부시장 · 부지사 · 부교육감, 시 · 도의회의 사무처장, 시 · 군 · 구의 부시장 · 부군수 · 부구청장, 시 · 군 · 구의회의 사무국장 또는 사무과장이 되고, 부위원장은 해당 인사위원회에서 호선(互選)한다. 다만, 임용권을 위임받은 기관에 두는 인사위원회의 위원장과 부위원장은 해당 인사위원회에서 호선한다. 〈개정 2021. 10. 8.〉

② 제7조제1항에 따라 시 · 도에 복수의 인사위원회를 두는 경우 제1인사위원회의 위원장은 제1항 본문에 따르고, 제2인사위원회의 위원장은 부시장 · 부지사(「지방자치법」 제123조제6항 후단에 따라 특정지역의 사무를 담당하는 부시장 · 부지사를 말한다) 또는 인사를 담당하는 국장이 된다. 〈개정 2021. 10. 8.〉

③ 위원장은 인사위원회를 대표하며, 인사위원회의 사무를 총괄한다.

④ 부위원장은 위원장을 보좌하며, 위원장이 부득이한 사유로 직무를 수행할 수 없을 때에는 그 직무를 대행한다.

[전문개정 2008. 12. 31.]

제9조의2(위원의 신분보장) ① 인사위원회의 위원장, 부위원장 및 위원(공무원인 위원장, 부위원장 및 위원은 제외한다. 이하 이 조에서 같다)은 제7조제5항 각 호에 따른 자격요건이 상실되거나 제7조제6항 각 호의 어느 하나에 해당할 때에는 그 직을 당연히 퇴직한다. 〈개정 2012. 3. 21.〉

② 인사위원회의 위원장, 부위원장 및 위원은 장기의 심신쇠약으로 직무를 수행할 수 없게 된 경우 외에는 본인의 의사에 반하여 그 직에서 면직되지 아니한다.

[전문개정 2008. 12. 31.]

제10조(인사위원회의 회의) ① 인사위원회의 회의는 위원장이 필요하다고 인정할 때에 소집하고 위원장은 그 의장이 된다.

② 인사위원회의 회의는 위원장과 위원장이 회의마다 지정(임용권을 위임받은 기관에 두는 인사위원회의 경우에는 그 기관의 장이 지정한다)하는 8명의 위원으로 구성하되, 제7조제5항 각 호에 따라 위촉된 위원이 전체 구성원의 2분의 1 이상이어야 한다. 다만, 제7조제2항 단서에 따라 인사위원회를 7명 이상 9명 이하의 위원으로 구성한 경우 그 인사위원회의 회의는 위원 전원으로 구성한다. 〈신설 2012. 3. 21.〉

③ 인사위원회의 회의는 제2항에 따른 구성원 3분의 2 이상의 출석과 출석위원 과반수의 찬성으로 의결한다. 다만, 대통령령으로 정하는 경미한 사항에 대하여는 서면으로 심의·의결할 수 있다. 〈개정 2012. 3. 21.〉

④ 그 밖에 인사위원회의 운영에 필요한 사항은 대통령령으로 정

한다.

[전문개정 2008. 12. 31.]

제10조의2(인사위원회 위원의 제척 · 기피 · 회피) ① 인사위원회의 위원은 다음 각 호의 어느 하나에 해당하는 경우에는 제8조제1항제3호 · 제4호 및 제62조의 심의 · 의결에서 제척(除斥)된다. 다만, 제3호의 경우에는 제8조제1항제4호 및 제62조와 관련된 심의 · 의결에 한정한다. 〈개정 2014. 1. 7.〉

1. 위원 본인 또는 그 배우자나 배우자였던 사람이 해당 심의 · 의결의 대상자인 경우

2. 위원 본인과 친족 관계에 있거나 친족 관계에 있었던 사람이 해당 심의 · 의결의 대상자인 경우

3. 위원 본인이 심의 · 의결 대상자의 직근 상급자이거나 징계 사유가 발생한 기간 동안 직근 상급자였던 경우

② 제8조제1항제3호 · 제4호 및 제62조의 심의 · 의결 대상자는 다음 각 호의 어느 하나에 해당하는 경우에는 그 이유를 구체적으로 밝혀 그 위원에 대한 기피를 신청할 수 있고, 인사위원회는 해당 위원의 기피 여부를 결정하여야 한다. 이 경우 기피 신청을 받은 위원은 그 기피 여부에 대한 결정에 참여할 수 없다. 〈개정 2014. 1. 7.〉

1. 인사위원회의 위원에게 제1항 각 호의 어느 하나에 해당하는 사항이 있는 경우

2. 그 밖에 심의 · 의결의 공정을 기대하기 어려운 사정이 있는 경우

③ 인사위원회의 위원은 제1항 또는 제2항에 따른 제척사유 또는 기피사유에 해당하는 것을 알게 되었을 때에는 스스로 제8조제1항 제3호 · 제4호 및 제62조의 심의 · 의결에서 회피할 수 있다. 이 경우 회피하려는 위원은 위원장에게 그 사유를 소명하여야 한다. 〈개정 2014. 1. 7.〉

[본조신설 2012. 3. 21.]

제10조의3(임시위원의 임명) ① 지방자치단체의 장과 지방의회의 의장은 제10조의2에 따른 인사위원회 위원의 제척 · 기피 · 회피 등으로 심의 · 의결에 참여할 수 있는 위원 수가 제10조제2항에 따른 인사위원회 회의 구성원 수의 3분의 2에 미달하는 때에는 그 구성원 수의 3분의 2가 될 때까지 임시위원을 임명 또는 위촉하여 해당 심의 · 의결에 참여하도록 하여야 한다. 〈개정 2021. 10. 8.〉

② 임시위원의 자격, 실비보상, 비밀누설 금지 등에 관하여는 제7조제5항 · 제8항부터 제10항까지를 준용하고, 결격사유에 관하여는 같은 조 제6항을 준용한다.

[본조신설 2012. 3. 21.]

제11조(인사위원회의 사무직원) ① 인사위원회에 간사와 서기를 둔다.

② 간사와 서기는 해당 지방자치단체의 장과 지방의회의 의장이 각각 그 소속 공무원 중에서 임명한다. 〈개정 2021. 10. 8.〉

③ 간사는 위원장의 명을 받아 인사위원회의 사무를 처리하며 서기는 간사를 보조한다.

[전문개정 2008. 12. 31.]

제12조 삭제 〈1991. 5. 31.〉

제13조(소청심사위원회의 설치) ① 지방자치단체의 장 소속 공무원의 징계, 그 밖에 그 의사에 반하는 불리한 처분이나 부작위(不作爲)에 대한 소청을 심사·결정하기 위하여 시·도에 임용권자(시·도의회의 의장 및 임용권을 위임받은 자는 제외한다)별로 지방소청심사위원회 및 교육소청심사위원회(이하 "심사위원회"라 한다)를 둔다.

② 지방의회의 의장 소속 공무원의 징계, 그 밖에 그 의사에 반하는 불리한 처분이나 부작위에 대한 소청은 제1항에 따른 지방소청심사위원회에서 심사·결정한다.

[전문개정 2021. 10. 8.]

제14조(심사위원회의 위원) ① 심사위원회는 16명 이상 20명 이하의 위원으로 구성한다. 이 경우 제2항제1호 및 제2호에 따라 위촉되는 위원이 전체 위원의 2분의 1 이상이어야 한다. 〈개정 2012. 3. 21.〉

② 위원은 다음 각 호의 어느 하나에 해당하는 사람 중에서 시·도지사 또는 교육감이 임명하거나 위촉한다. 다만, 인사위원회위원, 「정당법」에 따른 당원, 지방의회의원 및 제31조 각 호의 어느 하나에 해당하는 사람은 심사위원회의 위원이 될 수 없다. 〈개정 2021. 10. 8.〉

1. 법관·검사 또는 변호사로 재직하는 사람
2. 대학에서 법률학을 담당하는 부교수 이상으로 재직하는 사람
3. 시·도지사 또는 교육감 소속 국장급 이상의 공무원
4. 시·도의회의 의장 소속 과장급 이상의 공무원

③ 제2항에 따라 위촉되는 위원의 임기는 3년으로 하되, 한 번만

연임할 수 있다. 〈개정 2024. 3. 19.〉

④ 심사위원회의 회의는 위원장과 시·도지사 또는 교육감이 회의마다 지정하는 6명의 위원으로 구성한다. 이 경우 제2항제1호 및 제2호에 따라 위촉된 위원이 5명 이상이어야 한다. 〈신설 2012. 3. 21.〉

⑤ 회의에 참석하는 위원에게는 해당 지방자치단체의 조례로 정하는 바에 따라 실비보상을 할 수 있다. 〈개정 2012. 3. 21.〉

⑥ 위원 중 공무원이 아닌 위원은 그 직무상 행위와 관련하여 「형법」이나 그 밖의 법률에 따른 벌칙을 적용할 때 공무원으로 본다. 〈개정 2012. 3. 21.〉

⑦ 제1항부터 제6항까지에서 규정된 사항 외에 심사위원회의 구성·운영 등에 필요한 사항은 대통령령으로 정한다. 〈개정 2012. 3. 21.〉

[전문개정 2008. 12. 31.]

제15조(심사위원회의 위원장) ① 심사위원회에 위원장 1명을 두며, 위원장은 심사위원회에서 제14조제2항제1호 또는 제2호에 해당하는 심사위원회 위촉위원 중에서 호선한다.

② 위원장은 심사위원회를 대표하고, 심사위원회의 사무를 총괄한다.

③ 위원장이 부득이한 사유로 직무를 수행할 수 없을 때에는 위원장이 미리 지정한 위원이 그 직무를 대행한다.

[전문개정 2008. 12. 31.]

제15조의2(위원의 신분보장) ① 심사위원회의 위촉위원은 금고 이상

의 형벌이나 장기의 심신쇠약으로 직무를 수행할 수 없게 된 경우 외에는 본인의 의사에 반하여 그 직에서 면직되지 아니한다.

② 심사위원회의 위원이 제14조제2항 단서의 결격사유 중 어느 하나에 해당할 때에는 그 직을 당연히 퇴직한다.

[본조신설 2008. 12. 31.]

제16조(심사위원회의 사무직원) ① 심사위원회에 간사 및 서기를 둔다.

② 간사와 서기는 시·도지사 또는 교육감이 그 소속 공무원 중에서 임명한다.

③ 간사는 위원장의 명을 받아 심사위원회의 사무를 처리하고, 서기는 간사를 보조한다.

[전문개정 2008. 12. 31.]

제17조(심사위원회의 심사) ① 심사위원회는 이 법에 따른 소청을 접수하면 지체 없이 심사하여야 한다.

② 심사위원회는 제1항의 심사를 할 때 필요하다고 인정하면 사실 조사를 하거나 증인을 소환하여 질문을 하거나 관계 서류를 제출하도록 명할 수 있다.

③ 심사위원회가 소청사건을 심사하기 위하여 징계 요구 기관이나 관계 기관의 소속 공무원을 증인으로 소환하면 해당 기관의 장은 이에 따라야 한다.

④ 심사위원회는 필요하다고 인정하면 특별한 학식·경험이 있는 자에게 검증(檢證)이나 감정(鑑定)을 의뢰할 수 있다.

⑤ 심사위원회가 공무원이 아닌 사람을 증인으로 소환하여 질문할 때에는 대통령령으로 정하는 바에 따라 실비보상을 하여야 한다.

[전문개정 2008. 12. 31.]

제18조(소청인의 진술권) ① 심사위원회가 소청사건을 심사할 때에는 대통령령으로 정하는 바에 따라 소청인 또는 그 대리인에게 진술 기회를 주어야 한다.

② 제1항의 진술 기회를 주지 아니한 결정은 무효로 한다.

[전문개정 2008. 12. 31.]

제19조(심사위원회의 결정) ① 심사위원회의 결정은 제14조제4항에 따른 구성원 3분의 2 이상의 출석과 출석위원 과반수의 합의에 따르되, 의견이 나뉘어 출석위원 과반수의 합의에 이르지 못하였을 때에는 과반수에 이를 때까지 소청인에게 가장 불리한 의견에 차례로 유리한 의견을 더하여 그 중에서 가장 유리한 의견을 합의된 의견으로 본다. 〈개정 2012. 3. 21., 2021. 6. 8.〉

② 제1항에도 불구하고 파면ㆍ해임ㆍ강등 또는 정직에 해당하는 징계처분을 취소 또는 변경하려는 경우와 효력 유무 또는 존재 여부에 대한 확인을 하려는 경우에는 제14조제4항에 따른 구성원 3분의 2 이상의 출석과 출석위원 3분의 2 이상의 합의가 있어야 한다. 이 경우 구체적인 결정의 내용은 출석위원 과반수의 합의에 따르되, 의견이 나뉘어 출석위원 과반수의 합의에 이르지 못하였을 때에는 과반수에 이를 때까지 소청인에게 가장 불리한 의견에 차례로 유리한 의견을 더하여 그 중에서 가장 유리한 의견을 합의된 의견으로 본다. 〈신설 2021. 6. 8.〉

③ 심사위원회의 위원은 위원회에 계류(繫留)된 소청사건의 증인이 될 수 없으며, 다음 사항에 관한 소청사건의 심사ㆍ결정에서 제

척된다. 〈개정 2011. 5. 23., 2021. 6. 8.〉

1. 위원 본인과 관계있는 사항

2. 위원 본인과 친족이거나 친족이었던 사람과 관계있는 사항

④ 소청 사건의 당사자는 다음 각 호의 어느 하나에 해당하는 때에는 그 이유를 구체적으로 밝혀 그 위원에 대한 기피를 신청할 수 있고, 심사위원회는 해당 위원의 기피 여부를 결정하여야 한다. 이 경우 기피신청을 받은 위원은 그 기피 여부에 대한 결정에 참여할 수 없다. 〈신설 2011. 5. 23., 2021. 6. 8.〉

1. 심사위원회의 위원에게 제3항에 따른 제척사유가 있는 경우

2. 심사·결정의 공정을 기대하기 어려운 사정이 있는 경우

⑤ 심사위원회 위원은 제4항에 따른 기피사유에 해당하는 때에는 스스로 그 사건의 심사·결정에서 회피할 수 있다. 〈신설 2011. 5. 23., 2021. 6. 8.〉

⑥ 심사위원회의 결정은 다음 각 호와 같이 구분한다. 〈개정 2011. 5. 23., 2021. 6. 8.〉

1. 심사청구가 이 법 또는 다른 법률에 적합하지 아니하면 그 청구를 각하한다.

2. 심사청구가 이유 없다고 인정되면 그 청구를 기각한다.

3. 처분의 취소 또는 변경을 구하는 심사청구가 이유 있다고 인정되면 처분을 취소 또는 변경하거나 처분행정청에 취소 또는 변경할 것을 명한다.

4. 처분의 효력 유무 또는 존재 여부에 대한 확인을 구하는 심사청구가 이유 있다고 인정되면 처분의 효력 유무 또는 존재 여부를

확인한다.

5. 위법 또는 부당한 거부처분이나 부작위에 대하여 의무이행을 구하는 심사청구가 이유 있다고 인정되면 지체 없이 청구에 따른 처분을 하거나 처분을 할 것을 명한다.

⑦ 심사위원회의 취소명령 또는 변경명령 결정은 그에 따른 징계나 그 밖의 처분이 있을 때까지는 종전에 행한 징계처분 또는 징계부가금 부과처분(이하 "징계처분등"이라 한다)에 영향을 미치지 아니한다. 〈개정 2010. 3. 22., 2011. 5. 23., 2021. 6. 8.〉

⑧ 심사위원회가 징계처분등을 받은 자의 청구에 따라 소청을 심사할 경우에는 원징계처분보다 무거운 징계 또는 원징계부가금 부과처분보다 무거운 징계부가금을 부과하는 결정을 하지 못한다. 〈개정 2010. 3. 22., 2011. 5. 23., 2021. 6. 8.〉

⑨ 심사위원회의 결정은 그 이유를 구체적으로 밝힌 결정서로 하여야 한다. 〈개정 2011. 5. 23., 2021. 6. 8.〉

[전문개정 2008. 12. 31.]

제19조의2(임시위원의 임명) ① 제19조제3항부터 제5항까지의 규정에 따른 심사위원회 위원의 제척·기피 또는 회피 등으로 심사·결정에 참여할 수 있는 위원 수가 3명 미만이 된 경우에는 3명이 될 때까지 시·도지사 또는 교육감은 임시위원을 임명하여 해당 사건의 심사·결정에 참여하도록 하여야 한다. 〈개정 2021. 6. 8.〉

② 임시위원의 자격, 실비보상 등에 관하여는 제14조제2항 각 호 및 같은 조 제5항·제6항을, 결격사유에 관하여는 제14조제2항 단서를 준용한다. 〈개정 2012. 3. 21.〉

[본조신설 2011. 5. 23.]

제20조(결정의 효력) 제19조에 따른 심사위원회의 결정은 처분행정청을 기속(羈束)한다.

[전문개정 2008. 12. 31.]

제20조의2(행정소송과의 관계) 제67조에 따른 처분, 그 밖에 본인의 의사에 반한 불리한 처분이나 부작위에 관한 행정소송은 심사위원회의 심사·결정을 거치지 아니하면 제기할 수 없다.

[전문개정 2008. 12. 31.]

제21조(소청 절차) 소청의 제기, 심사 및 결정, 그 밖에 소청 절차에 관하여 필요한 사항은 대통령령으로 정한다.

[전문개정 2008. 12. 31.]

제3장 직위분류제 〈개정 2008. 12. 31.〉

제22조(직위분류제의 확립) ① 직위분류제에 관하여 이 법에 규정된 것 외에는 대통령령으로 정한다.

② 제1항의 직위분류제에서는 모든 대상 직위를 직무의 종류와 곤란성 및 책임도에 따라 직군·직렬·직급 또는 직무등급별로 분류하되, 같은 직급이나 같은 직무등급에 속하는 직위에 대하여는 같은 자격요건을 필요로 하고 동일하거나 유사한 보수가 지급되도록 분류하여야 한다.

[전문개정 2008. 12. 31.]

제22조의2(직무분석) ① 임용권자는 합리적인 인사관리를 위하여 필요하면 직무분석을 할 수 있다.

② 제1항에 따른 직무분석 및 그 결과의 활용 등에 필요한 사항은 대통령령으로 정한다.

[전문개정 2008. 12. 31.]

제23조(직위의 정급) ① 지방자치단체의 장과 지방의회의 의장은 대통령령으로 정하는 바에 따라 직위분류제의 적용을 받는 모든 직위를 어느 하나의 직급 또는 직무등급에 배정하여야 한다. 〈개정 2021. 10. 8.〉

② 지방자치단체의 장과 지방의회의 의장은 대통령령으로 정하는 바에 따라 제1항에 규정된 정급(定級)을 재심사하고, 필요하다고 인정하면 이를 개정하여야 한다. 〈개정 2021. 10. 8.〉

[전문개정 2008. 12. 31.]

제24조(직위분류제의 실시) 일반직을 대상으로 하는 직위분류제는 대통령령으로 정하는 바에 따라 실시하기 쉬운 것부터 단계적으로 실시할 수 있다.

[전문개정 2008. 12. 31.]

제4장 임용과 시험 〈개정 2008. 12. 31.〉

제25조(임용의 기준) 공무원의 임용은 시험성적, 근무성적, 경력평정, 그 밖의 능력의 실증(實證)에 따라 한다. 다만, 지방자치단체의 장과 지방의회의 의장은 대통령령으로 정하는 바에 따라 장애인, 이공계 전공자, 저소득층, 다자녀 양육자 등에 대한 임용·승진·전보 등 인사관리상의 우대와 실질적 양성평등을 실현하기 위한 적극적인 정책을 실시할 수 있다. 〈개정 2021. 10. 8., 2024. 12. 31.〉

[전문개정 2008. 12. 31.]

제25조의2(외국인과 복수국적자의 임용) ①지방자치단체의 장과 지방의회의 의장은 국가안보 및 보안·기밀에 관계되는 분야를 제외한 분야에서 대통령령으로 정하는 바에 따라 외국인을 공무원으로 임용할 수 있다. 〈개정 2011. 5. 23., 2021. 10. 8.〉

② 지방자치단체의 장과 지방의회의 의장은 다음 각 호의 어느 하나에 해당하는 분야로서 대통령령으로 정하는 분야에는 복수국적자(대한민국 국적과 외국 국적을 함께 가진 사람을 말한다. 이하 같다)의 임용을 제한할 수 있다. 〈신설 2011. 5. 23., 2021. 10. 8.〉

1. 국가의 존립과 헌법 기본질서의 유지를 위한 국가안보 분야

2. 내용이 누설되는 경우 국가 또는 지방자치단체의 이익을 해하게 되는 보안·기밀 분야

3. 외교, 국가 간 이해관계와 관련된 정책 결정 및 집행 등 복수국적자의 임용이 부적합한 분야

[전문개정 2008. 12. 31.]

[제목개정 2011. 5. 23.]

제25조의3(근무시간의 단축 임용) 지방자치단체의 장과 지방의회의 의장은 업무의 특성 또는 기관의 사정 등을 고려하여 신규임용되는 공무원 또는 소속 공무원을 대통령령 또는 조례로 정하는 바에 따라 통상적인 근무시간보다 짧게 근무하는 공무원으로 임용할 수 있다. 〈개정 2011. 5. 23., 2021. 10. 8.〉

[전문개정 2008. 12. 31.]

제25조의4(우수 인재의 추천 채용 및 수습근무) ① 임용권자는 우수

한 인재를 공직에 유치하기 위하여 학업 성적 등이 뛰어난 고등학교 이상 졸업자나 졸업 예정자를 추천·선발하여 3년의 범위에서 수습으로 근무하게 하고, 그 근무기간 동안 근무성적과 자질이 우수하다고 인정되는 사람은 일반직공무원으로 임용할 수 있다. 〈개정 2012. 12. 11., 2015. 5. 18., 2021. 6. 8.〉

② 제31조 각 호의 어느 하나에 해당하는 사람은 제1항에 따른 수습근무를 할 수 없으며, 수습으로 근무 중인 사람이 제31조 각 호의 어느 하나에 해당하게 된 때에는 수습으로 근무할 수 있는 자격을 상실한다. 〈신설 2015. 5. 18.〉

③ 제1항에 따라 수습으로 근무하는 사람은 직무상 행위를 하거나 「형법」, 그 밖의 법률에 따른 벌칙을 적용할 때 공무원으로 본다. 〈개정 2015. 5. 18.〉

④ 제1항에 따른 추천·선발 방법, 수습근무 기간, 임용 직급 등에 관한 사항은 대통령령으로 정한다 〈개정 2015. 5. 18.〉

[본조신설 2012. 3. 21.]

[제목개정 2021. 6. 8.]

제25조의5(근무기간을 정하여 임용하는 공무원) ① 지방자치단체의 장과 지방의회의 의장은 전문지식·기술이 요구되거나 임용관리에 특수성이 요구되는 업무를 담당하게 하기 위하여 경력직공무원을 임용할 때에 일정기간을 정하여 근무하는 공무원(이하 "임기제공무원"이라 한다)을 임용할 수 있다. 〈개정 2021. 10. 8.〉

② 임기제공무원의 임용조건, 임용절차, 근무상한연령 및 그 밖에 필요한 사항은 대통령령으로 정한다.

[본조신설 2012. 12. 11.]

第25조의6(차별금지) 임용권자는 소속 공무원을 임용할 때 합리적인 이유 없이 성별, 종교 또는 사회적 신분 등을 이유로 차별해서는 아니 된다.

[본조신설 2020. 1. 29.]

第26조(결원 보충 방법) 임용권자는 공무원의 결원을 신규임용·승진임용·강임·전직 또는 전보의 방법으로 보충한다.

[전문개정 2008. 12. 31.]

第27조(신규임용) ① 공무원의 신규임용은 공개경쟁임용시험으로 한다. 〈개정 2011. 5. 23.〉

② 제1항에도 불구하고 다음 각 호의 어느 하나에 해당하는 경우에는 경력 등 응시요건을 정하여 같은 사유에 해당하는 다수인을 대상으로 경쟁의 방법으로 임용하는 시험(이하 "경력경쟁임용시험"이라 한다)으로 공무원을 임용할 수 있다. 다만, 제1호, 제3호, 제4호, 제5호, 제7호, 제10호의 어느 하나에 해당하는 경우 중 다수인을 대상으로 시험을 실시하는 것이 적당하지 아니하여 대통령령으로 정하는 경우에는 다수인을 대상으로 하지 아니한 시험으로 공무원을 임용할 수 있다. 〈개정 2011. 5. 23., 2012. 3. 21., 2012. 12. 11., 2013. 3. 23., 2014. 11. 19., 2015. 5. 18., 2017. 7. 26., 2018. 3. 20., 2024. 12. 31.〉

1. 제62조제1항제1호의 사유로 퇴직하거나 제63조제1항제1호의 휴직기간 만료로 퇴직한 경력직공무원을 퇴직한 날부터 3년(「공무원 재해보상법」에 따른 공무상 부상 또는 질병으로 인한 휴직의 경우는

5년) 이내에 퇴직 시에 재직한 직급의 경력직공무원으로 재임용하는 경우 또는 경력직공무원으로 재직하던 중 특수경력직공무원이나 다른 종류의 경력직공무원이 되기 위하여 퇴직한 사람을 퇴직 시에 재직한 직급의 경력직공무원으로 재임용하는 경우

2. 공개경쟁임용시험으로 임용하는 것이 부적당한 경우에 임용예정 직무에 관한 자격증 소지자를 임용하는 경우

3. 임용예정 직급·직위와 같은 직급·직위에서의 근무경력 또는 임용예정 직급·직위에 상응하는 근무기간이나 연구 경력이 대통령령으로 정하는 기간 이상인 사람을 임용하는 경우

4. 임용예정직에 관련된 특수목적을 위하여 설립된 학교(대학원을 포함한다) 중 대통령령으로 정하는 학교의 졸업자로서 국가기관 또는 지방자치단체에서 실무수습을 마친 사람을 임용하는 경우

5. 1급 공무원을 임용하는 경우

6. 공개경쟁임용시험으로 결원을 보충하기 곤란한 특수한 직무분야나 직무환경 또는 섬, 외딴 곳 등 특수한 지역에 근무할 사람을 임용하는 경우

7. 국가공무원을 그 직급·직위(고위공무원단에 속하는 공무원의 경우 해당 직위와 곤란성 및 책임도가 유사한 직위를 말한다)에 해당하는 지방공무원으로 임용하는 경우

8. 임용예정직에 관련된 실업계·예능계 및 사학계(史學系)의 고등학교·전문대학 및 대학(대학원을 포함한다)의 학과 중 대통령령으로 정하는 학과 졸업자로서 교육부장관 또는 행정안전부장관이 정하는 바에 따라 해당 학교장의 추천을 받은 사람을 연구 또는 과학기

술직렬 공무원으로 임용하는 경우

9. 대통령령으로 정하는 임용예정직에 관련된 과학기술 분야 및 이에 준하는 특수 전문 분야의 연구경력이나 근무경력이 있는 사람을 임용하는 경우

10. 제25조의4에 따라 수습근무를 마친 사람과 제41조의4에 따라 재학 중 장학금을 받고 졸업한 사람을 임용하는 경우

11. 외국어에 능통하고 국제적 소양과 전문지식을 지닌 사람을 임용하는 경우

12. 연고지나 그 밖에 지역적 특수성을 고려하여 일정한 지역에 거주하는 사람을 그 지역에 소재하는 기관에 임용하는 경우

13. 「국적법」 제4조 및 제8조에 따른 귀화허가를 받아 대한민국 국적을 취득한 사람 또는 「북한이탈주민의 보호 및 정착지원에 관한 법률」 제2조제1호에 따른 북한이탈주민을 임용하는 경우

③ 삭제 〈2011. 5. 23.〉

④ 경력경쟁임용시험 및 제2항 각 호 외의 부분 단서에 따른 시험(이하 이 조에서 "경력경쟁임용시험등"이라 한다)의 경우에는 제62조제1항제1호의 사유로 퇴직한 사람을 우선하여 임용할 수 있으며, 경력경쟁임용시험등으로 임용할 수 있는 공무원의 직급 또는 직위, 직급별 또는 직위별 응시 자격 및 시험 등에 필요한 사항은 대통령령으로 정한다. 〈개정 2011. 5. 23., 2012. 12. 11., 2014. 1. 7.〉

⑤ 제2항제6호 · 제11호 · 제12호 또는 제13호에 따라 경력경쟁임용시험으로 임용된 사람은 5년간 전직 및 해당 기관 외의 기관으로

전보되거나 다른 지방자치단체로 전출될 수 없고, 5년 이내에 퇴직하면 그 근무경력은 제2항제3호의 경력경쟁임용시험응시에 필요한 근무 또는 연구실적에 포함하지 아니한다. 다만, 다음 각 호의 어느 하나에 해당하는 경우로서 직위가 없어지거나 과원(過員)이 되어 전직·전보 또는 전출되거나 제62조제1항제1호에 따라 직권면직된 경우에는 그러하지 아니하다. 〈개정 2011. 5. 23., 2012. 3. 21.〉

1. 지방자치단체를 폐지하거나 설치하거나 나누거나 합친 경우
2. 직제와 정원이 개정되거나 폐지된 경우
3. 예산이 감소된 경우

⑥ 지방자치단체의 장 또는 지방의회의 의장은 제2항제7호에 따라 국가공무원을 경력경쟁임용시험으로 임용하려면 해당 국가공무원이 소속된 국가기관의 장의 동의를 받아야 한다. 〈개정 2021. 10. 8.〉

[전문개정 2008. 12. 31.]

제28조(시보임용) ① 5급 공무원(제4조제2항에 따라 같은 조 제1항의 계급 구분이나 직군 및 직렬의 분류를 적용하지 아니하는 공무원 중 5급에 상당하는 공무원을 포함한다. 이하 같다)을 신규임용하는 경우에는 1년, 6급 이하 공무원(제4조제2항에 따라 같은 조 제1항의 계급 구분이나 직군 및 직렬의 분류를 적용하지 아니하는 공무원 중 6급 이하에 상당하는 공무원을 포함한다. 이하 같다)을 신규임용하는 경우에는 6개월간 시보로 임용하고, 그 기간의 근무성적·교육훈련 성적과 공무원으로서의 자질을 고려하여 정규 공무원으로 임용한다. 다만, 대통령령으로 정하는 경우에는 시보임용을 면제하거나 그 기간을 단축할 수 있다. 〈개정 2012. 12. 11., 2015. 5. 18.〉

② 휴직 기간, 직위해제 기간 및 징계에 따른 정직 또는 감봉처분을 받은 기간은 제1항의 시보임용 기간에 산입(算入)하지 아니한다.

③ 시보임용 기간 중의 공무원이 근무성적·교육훈련성적이 나쁘거나 이 법 또는 이 법에 따른 명령을 위반하여 공무원으로서 자질이 부족하다고 판단되는 경우에는 제60조와 제62조에도 불구하고 면직할 수 있다. 이 경우 구체적인 사유 및 절차 등에 필요한 사항은 대통령령으로 정한다. 〈개정 2015. 5. 18.〉

[전문개정 2008. 12. 31.]

제29조 삭제 〈1981. 4. 20.〉

제29조의2(전직) 공무원이 전직할 때에는 전직시험을 거쳐야 한다. 다만, 대통령령으로 정하는 전직의 경우는 예외로 한다.

[전문개정 2008. 12. 31.]

제29조의3(전입) 지방자치단체의 장 또는 지방의회의 의장은 공무원을 전입시키려고 할 때에는 해당 공무원이 소속된 지방자치단체의 장 또는 지방의회의 의장의 동의를 받아야 한다.

[전문개정 2021. 10. 8.]

제29조의4(개방형직위) ① 임용권자는 해당 기관의 직위 중 전문성이 특히 요구되거나 효율적인 정책 수립을 위하여 필요하다고 판단되어 공직 내부나 외부에서 적격자를 임용할 필요가 있는 직위를 개방형직위로 지정하여 운영할 수 있다. 〈개정 2012. 12. 11., 2024. 12. 31.〉

② 임용권자는 제1항에 따른 개방형직위에 대하여는 대통령령으로 정하는 바에 따라 직위별로 직무의 내용·특성 등을 고려하여 직

무수행 요건을 설정하고 그 요건을 갖춘 사람을 임용하여야 한다.

③ 임용권자는 개방형직위를 지정·변경하거나 직위별 직무수행 요건을 설정·변경하려면 미리 해당 인사위원회의 심의·의결을 거쳐야 한다.

④ 개방형직위의 임용후보자 선발시험은 제32조제3항 및 제4항에도 불구하고 해당 지방자치단체의 인사위원회에서 실시한다.

⑤ 그 밖에 개방형직위의 운영 등에 필요한 사항은 대통령령으로 정한다.

[전문개정 2008. 12. 31.]

제29조의5(공모직위) ① 임용권자는 해당 기관의 직위 중 업무의 효율적인 처리를 위하여 해당 기관 내부 또는 외부의 공무원(국가공무원을 포함한다) 중에서 적격자를 임용할 필요가 있는 직위를 공모직위(公募職位)로 지정하여 운영할 수 있다.

② 임용권자는 제1항에 따른 공모직위에 대하여는 직위별로 직무의 내용·특성 등을 고려하여 직무수행 요건을 설정하고 그 요건을 갖춘 사람을 임용하여야 한다.

③ 공모직위의 운영 등에 필요한 사항은 대통령령으로 정한다.

[전문개정 2008. 12. 31.]

제30조(공개경쟁시험 합격자의 우선임용 및 결원 보충의 조정) ① 결원을 보충할 때에는 공개경쟁임용시험 합격자와 공개경쟁승진시험 합격자를 우선하여 임용하여야 한다.

② 교육부장관 또는 행정안전부장관은 지방자치단체의 5급 이상 공무원의 결원을 보충할 때 공개경쟁임용시험 합격자, 공개경쟁승진

시험 합격자 및 일반승진시험 합격자의 보충임용이 적절한 균형을 유지하도록 조정할 수 있다. 〈개정 2013. 3. 23., 2014. 11. 19., 2017. 7. 26.〉

[전문개정 2008. 12. 31.]

제30조의2(인사교류) ① 교육부장관 또는 행정안전부장관은 인력의 균형 있는 배치와 지방자치단체의 행정 발전을 위하여 교육부 또는 행정안전부와 지방자치단체 간, 시·도를 달리하는 지방자치단체 간에 인사교류가 필요하다고 인정하면 교육부 또는 행정안전부에 두는 인사교류협의회가 정한 인사교류 기준에 따라 인사교류안을 작성하여 해당 지방자치단체의 장 또는 지방의회의 의장에게 인사교류를 권고할 수 있다. 이 경우 해당 지방자치단체의 장 또는 지방의회의 의장은 정당한 사유가 없으면 인사교류를 하여야 한다. 〈개정 2013. 3. 23., 2014. 11. 19., 2017. 7. 26., 2021. 10. 8.〉

② 시·도지사 또는 시·도의회의 의장은 해당 시·도 또는 관할 구역의 시·군·구의 다른 기관 간, 해당 시·도와 관할 구역의 시·군·구 간, 관할 구역의 시·군·구 간, 해당 시·도 또는 관할 구역의 시·군·구와 교육·연구기관 또는 공공기관 간에 인사교류가 필요하다고 인정하면 해당 시·도지사 또는 시·도의회의 의장 소속 인사교류협의회에서 정한 인사교류 기준에 따라 인사교류안을 작성하여 관할 구역의 지방자치단체의 장 등에게 인사교류를 권고할 수 있다. 이 경우 해당 지방자치단체의 장 등은 정당한 사유가 없으면 인사교류를 하여야 한다. 〈개정 2015. 12. 29., 2021. 10. 8.〉

③ 제1항 및 제2항에 따른 인사교류의 대상에 관하여는 대통령령

으로 정하고, 인사교류협의회의 구성 및 운영, 인사교류의 절차, 그 밖에 인사교류에 필요한 사항은 교육부령, 행정안전부령 또는 시·도의 조례 또는 규칙으로 정한다. 〈개정 2013. 3. 23., 2014. 11. 19., 2017. 7. 26., 2021. 10. 8.〉

[전문개정 2008. 12. 31.]

제30조의3(겸임) 직위와 직무내용이 유사하고 담당 직무 수행에 지장이 없다고 인정되면 대통령령으로 정하는 바에 따라 경력직공무원 상호 간에 겸임하게 하거나 경력직공무원과 대통령령으로 정하는 관련 교육·연구기관이나 그 밖의 기관·단체의 임직원 간에 서로 겸임하게 할 수 있다. 〈개정 2012. 12. 11., 2021. 6. 8.〉

[전문개정 2008. 12. 31.]

제30조의4(파견근무) ① 임용권자는 그 업무수행과 관련된 행정 지원이나 연수, 그 밖에 능력개발 등을 위하여 필요하면 소속 공무원을 지방자치단체의 다른 기관, 다른 지방자치단체, 국가기관, 공공단체, 「공공기관의 운영에 관한 법률」 제4조제1항 각 호에 해당하는 기관(「지방공기업법」에 따른 지방직영기업, 지방공사 및 지방공단을 포함한다), 국내외의 교육기관·연구기관, 그 밖의 기관에 일정 기간 파견근무하게 할 수 있으며, 전문성이 특히 요구되는 특수업무의 효율적 수행 등을 위하여 필요하면 인사위원회의 의결을 거쳐 지방자치단체 외의 기관·단체의 임직원을 파견받아 근무하게 할 수 있다.

② 파견권자는 파견 사유가 소멸되거나 파견 목적이 달성될 가망이 없으면 그 공무원을 지체 없이 원래의 소속 기관에 복귀시켜야 한다.

③ 제1항에 따라 지방자치단체 외의 기관·단체에서 파견된 임직원은 직무상 행위를 할 때에는 공무원으로 본다. 「형법」이나 그 밖의 법률에 따른 벌칙을 적용할 때에도 또한 같다.

④ 공무원을 파견근무하게 하거나 지방자치단체 외의 기관·단체의 임직원을 파견받아 근무하게 하는 경우 파견 사유·기간·절차와 파견기간 중의 복무, 그 밖에 필요한 사항은 대통령령으로 정한다.

[전문개정 2008. 12. 31.]

제30조의5(보직관리의 원칙) ① 임용권자는 법령에서 따로 정하는 경우 외에는 소속 공무원의 직급과 직종을 고려하여 그 직급에 상응하는 일정한 직위를 부여하여야 한다. 다만, 제4조제2항제1호에 따라 계급 구분 및 직군·직렬의 분류가 적용되지 아니하는 공무원에 대하여는 자격·경력 등을 고려하여 그에 상응하는 일정한 직위를 부여하여야 한다. 〈개정 2012. 12. 11.〉

② 소속 공무원을 보직할 때에는 해당 공무원의 전공분야·훈련·근무경력·전문성 및 적성 등을 고려하여 적격한 직위에 임용하여야 한다. 이 경우 보직관리 기준에 관하여 필요한 사항은 대통령령으로 정한다.

[전문개정 2008. 12. 31.]

제31조(결격사유) 다음 각 호의 어느 하나에 해당하는 사람은 공무원이 될 수 없다. 〈개정 2010. 3. 22., 2013. 8. 6., 2015. 12. 29., 2018. 10. 16., 2021. 1. 12., 2022. 12. 27., 2024. 3. 19., 2024. 12. 31.〉

1. 피성년후견인

2. 파산선고를 받고 복권되지 아니한 사람

3. 금고 이상의 실형을 선고받고 그 집행이 끝나거나(집행이 끝난 것으로 보는 경우를 포함한다) 집행이 면제된 날부터 5년이 지나지 아니한 사람

4. 금고 이상의 형의 집행유예를 선고받고 그 집행유예기간이 끝난 날부터 2년이 지나지 아니한 사람

5. 금고 이상의 형의 선고유예를 선고받고 그 선고유예기간 중에 있는 사람

6. 법원의 판결 또는 다른 법률에 따라 자격이 상실되거나 정지된 사람

6의2. 공무원으로 재직기간 중 직무와 관련하여 「형법」 제355조 및 제356조에 규정된 죄를 범한 사람으로서 300만원 이상의 벌금형을 선고받고 그 형이 확정된 후 2년이 지나지 아니한 사람

6의3. 다음 각 목의 어느 하나에 해당하는 죄를 범한 사람으로서 100만원 이상의 벌금형을 선고받고 그 형이 확정된 후 3년이 지나지 아니한 사람

가. 「성폭력범죄의 처벌 등에 관한 특례법」 제2조에 따른 성폭력범죄

나. 「정보통신망 이용촉진 및 정보보호 등에 관한 법률」 제74조제1항제2호 및 제3호에 규정된 죄

다. 「스토킹범죄의 처벌 등에 관한 법률」 제2조제2호에 따른 스토킹범죄

6의4. 미성년자에 대하여 「성폭력범죄의 처벌 등에 관한 특례법」

제2조에 따른 성폭력범죄 또는 「아동·청소년의 성보호에 관한 법률」 제2조제2호에 따른 아동·청소년대상 성범죄를 범한 사람으로서 다음 각 목의 어느 하나에 해당하는 날부터 20년이 지나지 아니한 사람

가. 금고 이상의 실형을 선고받고 그 집행이 끝나거나(집행이 끝난 것으로 보는 경우를 포함한다) 집행이 면제된 날

나. 금고 이상의 형의 집행유예를 선고받고 그 집행유예가 확정된 날

다. 벌금 이하의 형을 선고받고 그 형이 확정된 날

라. 치료감호를 선고받고 그 집행이 끝나거나 집행이 면제된 날

마. 징계로 파면처분 또는 해임처분을 받은 날

7. 징계로 파면처분을 받은 날부터 5년이 지나지 아니한 사람

8. 징계로 해임처분을 받은 날부터 3년이 지나지 아니한 사람

[전문개정 2008. 12. 31.]

[2024. 12. 31. 법률 제20621호에 의하여 2023. 6. 29. 헌법재판소에서 헌법불합치 결정된 이 조 제6호의4를 개정함.]

제31조의2(벌금형의 분리 선고) 「형법」 제38조에도 불구하고 제31조제6호의2 또는 제6호의3 각 목에 규정된 죄와 다른 죄의 경합범(競合犯)에 대하여 벌금형을 선고하는 경우에는 이를 분리 선고하여야 한다. 〈개정 2015. 12. 29., 2022. 12. 27.〉

[본조신설 2014. 1. 7.]

제32조(시험의 실시) ① 6급·7급 공무원 및 제4조제2항제1호에 따라 계급 구분 및 직군·직렬의 분류가 적용되지 아니하는 공무원의

신규임용시험은 시·도 단위로 각각 해당 시·도의 인사위원회에서 실시한다. 다만, 농촌진흥사업에 종사하는 연구 및 지도직공무원에 대한 신규임용시험은 따로 대통령령으로 정하는 기관에서 실시한다. 〈개정 2012. 12. 11., 2021. 10. 8.〉

② 8급 및 9급 공무원의 신규임용시험과 6·7·8급 공무원에의 승진시험, 6·7·8·9급 공무원의 전직시험은 해당 지방자치단체의 인사위원회에서 실시한다. 〈개정 2012. 12. 11.〉

③ 5급 이상 공무원의 각종 임용시험은 대통령령으로 정하는 기관에서 실시한다.

④ 임용예정직과 관련이 있는 자격증 소지자의 경력경쟁임용시험은 제3항에도 불구하고 각각 해당 시·도의 인사위원회에서 실시한다. 〈개정 2011. 5. 23., 2021. 10. 8.〉

⑤ 임용권자는 제36조 및 제39조에 따른 신규임용후보자 또는 승진후보자가 없거나 인사행정 운영상 특히 필요하다고 인정되면 그 직위의 신규임용 또는 승진시험에 상응하는 국가, 다른 지방자치단체 또는 해당 지방자치단체의 다른 기관의 시험에 합격한 사람을 그 직위의 신규임용 및 승진시험에 합격한 사람으로 보아 임용할 수 있다. 〈개정 2021. 10. 8.〉

⑥ 시·도의회의 의장 또는 시장·군수·구청장(자치구의 구청장을 말한다. 이하 같다)은 우수 인력의 확보 또는 시험관리상 필요하다고 인정하면 제1항, 제2항 또는 제4항에도 불구하고 시·도지사 소속 인사위원회에 시험의 실시를 위탁할 수 있다. 〈개정 2021. 10. 8.〉

⑦ 시·군·구의회의 의장은 우수 인력의 확보 또는 시험관리상 필요하다고 인정하면 제2항에도 불구하고 시·도지사 소속 인사위원회, 시·도의회의 의장 소속 인사위원회 또는 시장·군수·구청장 소속 인사위원회에 시험의 실시를 위탁할 수 있다. 〈신설 2021. 10. 8.〉

⑧ 임용권자는 우수 인력의 확보 또는 시험관리상 필요하다고 인정하면 인사혁신처장 등 대통령령으로 정하는 자에게 임용시험 문제의 출제를 위탁할 수 있다. 〈신설 2024. 3. 19.〉

[전문개정 2008. 12. 31.]

제33조(평등의 원칙) 공개경쟁에 따른 임용시험은 같은 자격을 가진 모든 국민에게 평등하게 공개하여야 하며, 시험의 시기와 장소는 응시자의 편의를 고려하여 결정하여야 한다.

[전문개정 2008. 12. 31.]

제34조(수험자격) 각종 시험의 수험자격은 대통령령으로 정한다.

[전문개정 2008. 12. 31.]

제34조의2(신규임용시험의 가점) ① 다음 각 호의 어느 하나에 해당하는 사람이 공무원 신규임용시험에 응시하면 일정한 점수를 가산할 수 있다.

1. 「국가기술자격법」이나 그 밖의 법령에 따른 자격을 취득한 사람

2. 「의사상자 등 예우 및 지원에 관한 법률」 제2조제2호에 따른 의사자의 배우자 또는 자녀

3. 「의사상자 등 예우 및 지원에 관한 법률」 제2조제3호에 따른 의상자 및 그 배우자 또는 자녀

② 제1항에 따라 가산할 수 있는 구체적 대상, 가산 점수, 가산 방법 등에 필요한 사항은 대통령령으로 정한다.

[전문개정 2015. 5. 18.]

제35조(시험의 공고) ① 공개경쟁신규임용시험, 공개경쟁승진시험 또는 경력경쟁임용시험을 실시할 때에는 임용예정 직급·직위, 응시자격, 선발예정 인원, 시험의 방법·시기·장소 등에 관하여 필요한 사항을 대통령령으로 정하는 바에 따라 공고하여야 한다. 다만, 제27조제2항 단서에 따라 다수인을 대상으로 하지 아니한 시험의 경우에는 공고하지 아니할 수 있다. 〈개정 2011. 5. 23., 2012. 12. 11.〉

② 결원 보충을 원활히 하기 위하여 필요하면 근무예정지역 또는 근무예정기관을 미리 정하여 공개경쟁신규임용시험을 실시할 수 있다. 이 경우 그 시험에 따라 임용된 공무원은 대통령령으로 정하는 기간 동안 해당 근무지역 또는 근무기관에 근무하여야 한다.

[전문개정 2008. 12. 31.]

제36조(신규임용후보자 명부) ① 지방자치단체의 장과 지방의회의 의장은 각각 해당 인사위원회에서 실시한 신규임용시험에 합격한 사람을 대통령령으로 정하는 바에 따라 신규임용후보자 명부에 등재(登載)하여야 한다. 〈개정 2021. 10. 8.〉

② 제32조제3항에 따라 대통령령으로 정하는 기관이 5급 공무원의 신규임용시험을 실시한 경우에는 대통령령으로 정하는 바에 따라 시·도지사, 시·도의회의 의장 및 교육감은 그 합격자를 신규임용후보자 명부에 등재하여야 한다. 〈개정 2021. 10. 8.〉

③ 신규임용후보자 명부는 누구든지 열람할 수 있다.

④ 공무원 공개경쟁임용시험에 합격한 사람의 신규임용후보자 명부의 유효기간은 2년의 범위에서 대통령령으로 정한다. 다만, 시험실시기관의 장은 필요하면 1년의 범위에서 그 기간을 연장할 수 있다. 〈개정 2020. 1. 29.〉

⑤ 공개경쟁임용시험 합격자가 임용후보자등록을 마친 후 그 명부의 유효기간 내에 「병역법」에 따른 병역복무를 위하여 군에 입대한 경우(대학생 군사훈련과정이수자를 포함한다)의 의무복무기간과 대통령령으로 정하는 사유로 임용되지 못한 기간은 제4항의 기간에 포함하지 아니한다.

⑥ 제4항 단서에 따라 신규임용후보자 명부의 유효기간을 연장하는 경우 해당 지방자치단체의 장 또는 지방의회의 의장은 지체 없이 이를 공고하여야 한다. 〈개정 2021. 10. 8.〉

⑦ 신규임용후보자 명부에 등재되어 실무수습 중인 사람은 그 직무상 행위를 하거나 「형법」이나 그 밖의 법률에 따른 벌칙을 적용할 때 공무원으로 본다. 〈신설 2010. 3. 22.〉

[전문개정 2008. 12. 31.]

제37조(신규임용 방법) ① 제36조제1항 또는 제2항에 따라 신규임용후보자 명부를 작성한 지방자치단체의 장 또는 지방의회의 의장이 그 명부에 등재된 자 중에서 공무원을 신규임용할 때에는 신규임용후보자 명부의 최고순위자부터 3배수의 범위에서 임명하여야 한다. 〈개정 2021. 10. 8.〉

② 제6조제2항에 따라 임용권의 위임을 받은 자, 제32조제6항 또는 제7항에 따라 시험의 실시를 위탁한 지방의회의 의장 또는 시장

·군수·구청장이 공무원을 신규임용할 때에는 제36조제1항에 따라 신규임용후보자 명부를 작성한 지방자치단체의 장 또는 지방의회의 의장에게 임용후보자의 추천을 요청하여야 한다. 〈신설 2021. 10. 8.〉

③ 시장·군수·구청장, 시·군·구의회의 의장 및 제6조제2항에 따라 임용권의 위임을 받은 자가 5급 공무원을 신규임용할 때에는 제36조제2항에 따라 신규임용후보자 명부를 작성한 시·도지사, 시·도의회의 의장 또는 교육감에게 임용후보자의 추천을 요청하여야 한다. 〈개정 2021. 10. 8.〉

④ 제2항 또는 제3항에 따른 요청을 받은 자는 지체 없이 신규임용후보자 명부에 등재된 사람 중에서 그 순위에 따라 직위별로 3배수의 범위에 해당하는 임용후보자를 추천하여야 한다. 〈개정 2021. 10. 8.〉

⑤ 임용권자는 제4항에 따라 임용후보자를 추천받으면 요청한 인원을 선택하여 임용하고, 그 결과를 임명후보자의 추천을 받은 날부터 7일 이내에 그 추천을 한 자에게 알려야 한다. 〈개정 2021. 10. 8.〉

⑥ 임용후보자가 다음 각 호의 어느 하나에 해당하면 임용후보자로서의 자격을 잃는다. 〈개정 2015. 5. 18., 2021. 10. 8., 2022. 12. 27.〉

1. 임용권자의 임용에 따르지 아니한 경우

2. 제74조에 따라 시보공무원이 될 사람에 대한 교육훈련에 따르지 아니한 경우

3. 훈련성적이 나쁘거나 본인의 귀책사유로 교육훈련을 계속 받을 수 없게 되거나 임용후보자로서 품위를 크게 손상하는 행위를 하는 등 공무원으로서 직무를 수행하기 곤란하다고 판단하는 경우. 이 경우 구체적인 사유 및 절차 등에 필요한 사항은 대통령령으로 정한다.

[전문개정 2008. 12. 31.]

第38조(승진) ① 계급 간의 승진임용은 근무성적평정, 경력평정, 그 밖의 능력의 실증에 따라 한다. 다만, 1급부터 3급까지의 공무원으로의 승진임용은 능력과 경력 등을 고려하여 임용하며, 5급 공무원으로의 승진임용은 승진시험을 거치도록 하되, 필요하다고 인정하면 대통령령으로 정하는 바에 따라 인사위원회의 의결을 거쳐 임용할 수 있다.

② 6급 이하 공무원으로의 승진임용의 경우 필요하다고 인정하면 대통령령으로 정하는 바에 따라 승진시험을 병용(竝用)할 수 있다.

③ 승진에 필요한 계급별 최저근무연수, 승진의 제한, 그 밖에 승진에 필요한 사항은 대통령령으로 정한다.

[전문개정 2008. 12. 31.]

第39조(승진임용의 방법) ① 1급 공무원으로의 승진은 바로 하급 공무원 중에서, 2급 및 3급 공무원으로의 승진은 같은 직군 내의 바로 하급 공무원 중에서 각각 임용한다.

② 승진시험에 따른 승진은 승진시험 합격자 중에서 대통령령으로 정하는 승진임용 순위에 따라 임용한다. 다만, 다음 각 호의 어느 하나에 해당하는 시험에 합격하여 승진후보자 명부에 등재된 사람의 임용방법에 관하여는 제37조제1항부터 제5항까지의 규정을 준용한

다. 〈개정 2012. 3. 21., 2021. 10. 8., 2024. 12. 31.〉

1. 공개경쟁승진시험

2. 시·도 단위 또는 제6항에 따른 권역별로 실시한 과학기술직렬 5급 이하 공무원 및 제4조제2항에 따른 연구 또는 특수기술직렬의 공무원 중 5급 이하 공무원에 상당하는 공무원으로의 일반승진시험

③ 제1항 및 제2항 외의 승진은 같은 직렬의 바로 하급 공무원 중에서 임용하되, 임용하려는 결원에 대하여 승진후보자 명부의 높은 순위에 있는 사람부터 차례로 대통령령으로 정하는 범위에서 임용하여야 한다.

④ 제1항 및 제3항에 따라 승진임용할 때에는 해당 인사위원회의 사전심의를 거쳐야 한다. 이 경우 지방의회의 사무처장·사무국장·사무과장 또는 시·군·구의 부시장·부군수·부구청장으로 승진임용하기 위한 인사위원회의 사전심의를 할 때에는 제9조제1항에도 불구하고 인사위원회위원장의 직무는 위촉위원 중에서 호선하는 사람이 수행한다. 〈개정 2021. 10. 8.〉

⑤ 임용권자는 대통령령으로 정하는 바에 따라 근무성적평정, 경력평정, 그 밖의 능력의 실증에 의한 순위에 따라 직급별로 승진후보자 명부를 작성한다. 다만, 우수 인력의 확보와 승진기회의 균형유지를 위하여 시·도지사 또는 시·도의회의 의장은 해당 시·도의 다른 임용권자 또는 관할 구역의 시·군·구의 임용권자와, 시장·군수·구청장 또는 시·군·구의회의 의장은 각각 상호 간에 협의하여 해당 시·도 또는 시·군·구 소속 과학기술직렬 6급 이하 공무

원 및 제4조제2항에 따른 연구 또는 특수기술직렬의 공무원 중 6급 이하 공무원에 상당하는 공무원에 대하여 대통령령으로 정하는 바에 따라 시·도 또는 시·군·구 단위별로 승진후보자 명부를 통합하여 작성할 수 있다. 〈개정 2012. 3. 21., 2021. 10. 8., 2024. 12. 31.〉

⑥ 도지사 또는 도의회의 의장은 제5항 단서에도 불구하고 해당 도의 생활권, 지리적 범위 등을 고려하여 필요하다고 인정하는 때에는 해당 시장·군수 또는 시·군의회의 의장과 협의하여 대통령령으로 정하는 바에 따라 해당 도의 관할구역에서 권역별로 승진후보자 명부를 통합하여 작성할 수 있다. 〈신설 2012. 3. 21., 2021. 10. 8.〉

⑦ 다음 각 호의 어느 하나에 해당하는 승진후보자 명부는 시·도지사, 시·도의회의 의장 및 교육감이 작성한다. 〈개정 2012. 3. 21., 2021. 10. 8., 2024. 12. 31.〉

1. 5급 공무원 공개경쟁승진시험에 합격한 사람의 승진후보자 명부

2. 시·도 단위 또는 제6항에 따른 권역별로 실시한 과학기술직렬 5급 이하 공무원 및 제4조제2항에 따른 연구 또는 특수기술직렬의 공무원 중 5급 이하 공무원에 상당하는 공무원으로의 일반승진시험에 합격한 사람의 승진후보자 명부

[전문개정 2008. 12. 31.]

제39조의2(승진시험의 방법) ① 승진시험은 일반승진시험과 공개경쟁승진시험으로 구분한다.

② 일반승진시험은 승진후보자 명부(제39조제5항 단서 또는 같은 조 제6항에 따른 시·도 및 시·군·구 소속 과학기술직렬 6급 이하 공무원 및 제4조제2항에 따른 연구 또는 특수기술직렬의 공무원 중 6급 이하 공무원에 상당하는 공무원의 일반승진시험의 경우에는 시·도 단위 또는 권역별로 작성된 승진후보자 명부를 말한다. 이하 같다)의 높은 순위에 있는 사람부터 차례로 임용하려는 결원 또는 결원과 예상결원을 합한 총결원의 2배수 이상 5배수 이하 범위의 사람에 대하여 실시하며, 시험성적 점수와 승진후보자 명부에 의한 평정점수를 합산한 종합성적으로 합격자를 결정한다. 〈개정 2012. 3. 21., 2024. 12. 31.〉

③ 공개경쟁승진시험은 5급 공무원으로의 승진에 한정하되, 지방자치단체 간 승진 기회의 균형을 유지하고 유능한 공무원을 발탁하기 위하여 필요한 경우에 실시하며, 시험성적으로 합격자를 결정한다.

④ 제2항 및 제3항에 따른 승진시험의 응시대상자, 시험방법, 합격자 결정 방법, 합격의 효력, 그 밖에 승진시험에 필요한 사항은 대통령령으로 정한다.

[전문개정 2008. 12. 31.]

제39조의3(우수 공무원 등의 특별승진) ① 공무원이 다음 각 호의 어느 하나에 해당할 때에는 제38조 및 제39조제1항부터 제3항까지의 규정에도 불구하고 특별승진임용할 수 있다. 다만, 6급 공무원에 대하여는 승진시험에 우선 응시하게 하거나 인사위원회의 승진 의결 대상자로 할 수 있다.

1. 청렴하고 투철한 봉사정신으로 직무에 모든 힘을 다하여 공무

집행의 공정성을 유지하고 깨끗한 공직사회를 구현하는 데에 다른 공무원의 귀감이 되는 사람

2. 직무수행능력이 탁월하여 행정발전에 큰 공헌을 한 사람

3. 제78조에 따른 제안을 채택하고 시행함으로써 국가 또는 지방자치단체 예산을 절감하는 등 행정운영 발전에 뚜렷한 실적이 있는 사람

4. 재직 중 공적이 특히 뚜렷한 사람이 제66조의2에 따라 명예퇴직할 때

5. 재직 중 공적이 특히 뚜렷한 사람이 공무로 사망하였을 때

② 특별승진임용의 요건과 그 밖에 필요한 사항은 대통령령으로 정한다.

[전문개정 2008. 12. 31.]

제40조(국가유공자의 우선 임용) 공무원을 임용할 때 법령에서 정하는 바에 따라 국가유공자를 우선 임용하여야 한다.

[전문개정 2008. 12. 31.]

제41조(휴직자ㆍ장기훈련자 등의 결원 보충) ① 공무원이 제63조제1항제1호ㆍ제2호ㆍ제4호ㆍ제5호, 제63조제2항 또는 제65조의2에 따라 6개월 이상 휴직한 경우에는 휴직일부터 그 휴직자의 직급ㆍ직위 또는 상당 계급에 해당하는 정원이 따로 있는 것으로 보고 결원을 보충할 수 있다. 다만, 다음 각 호의 어느 하나에 해당하는 경우로서 대통령령 또는 지방자치단체의 조례로 정하는 경우에는 그 휴가 또는 휴직의 시작일부터 결원을 보충할 수 있다. 〈개정 2011. 5. 23., 2012. 12. 11., 2024. 3. 19.〉

1. 병가와 제63조제1항제1호에 따른 휴직을 연속하여 6개월 이상 사용하는 경우

2. 출산휴가와 제63조제2항제4호에 따른 휴직을 연속하여 6개월 이상 사용하는 경우

② 공무원이 제30조의4에 따라 파견된 경우에는 대통령령으로 정하는 바에 따라 파견기간 중 그 파견자의 직급에 해당하는 정원이 따로 있는 것으로 보고 결원을 보충하거나 파견된 사람의 승진임용을 할 수 있다. 다만, 남은 파견기간이 2개월 이하인 경우에는 그러하지 아니하다.

③ 공무원에게 한 파면처분·해임처분·면직처분 또는 강등처분에 대하여 심사위원회 또는 법원에서 무효나 취소의 결정 또는 판결을 한 경우에는 그 파면처분·해임처분·면직처분 또는 강등처분에 의하여 결원을 보충하였던 때부터 파면처분·해임처분·면직처분·강등처분을 받은 사람의 처분 전 직급·직위에 해당하는 정원이 따로 있는 것으로 본다. 〈개정 2011. 5. 23., 2012. 12. 11.〉

④ 제65조의3제1항제2호부터 제4호까지에 따라 직위해제를 한 경우로서 직위해제 기간이 6개월을 경과하면 직위해제된 사람의 직급·직위 또는 상당 계급에 해당하는 정원이 따로 있는 것으로 보고 결원을 보충할 수 있다. 다만, 다음 각 호의 어느 하나에 해당하는 경우에는 해당 호에서 정하는 때에 그 정원이 따로 있는 것으로 보고 결원을 보충할 수 있다. 〈개정 2021. 6. 8., 2024. 12. 31.〉

1. 제69조의4제2항에 따라 징계의결이 요구되어 제65조의3제1항제2호에 따른 직위해제를 하는 경우에는 해당 직위해제를 한 때

2. 제65조의3제1항제3호 또는 제4호에 따라 직위해제를 한 경우(해당 직위해제에 연속하여 동일한 비위행위로 같은 항 제2호의 직위해제를 한 경우를 포함한다)로서 다음 각 목의 요건을 모두 충족하는 경우에는 직위해제를 한 날부터 3개월이 경과한 때

가. 직위해제된 사람의 직급·직위 또는 상당 계급의 직무 특성에 비추어 해당 기관의 정상적인 업무수행에 현저한 지장을 초래할 우려가 있을 것

나. 해당 인사위원회의 심의 결과 긴급한 결원 보충의 필요성이 인정될 것

⑤ 제1항부터 제3항까지 및 제4항 본문에 따른 정원은 다음 각 호의 어느 하나에 해당하는 사유가 발생한 이후 해당 직급·직위에 최초로 결원이 발생한 때에 각각 소멸된 것으로 본다. 다만, 제1항에 따른 특수경력직공무원의 정원은 제1호의 사유가 발생한 때에 소멸된 것으로 본다. 〈개정 2011. 5. 23., 2012. 12. 11., 2015. 12. 29., 2021. 6. 8.〉

1. 휴직자의 복직

2. 파견된 사람의 복귀

3. 파면·해임·면직된 사람의 복귀 또는 강등된 사람의 처분 전 직급 회복

4. 직위해제된 사람에 대한 직위 부여

[전문개정 2008. 12. 31.]

제41조의2 삭제 〈1981. 4. 20.〉

제41조의3 삭제 〈1981. 4. 20.〉

제41조의4(장학금 지급) ① 지방자치단체의 장은 우수한 공무원을 확보하기 위하여 필요하면 「초·중등교육법」, 「고등교육법」, 그 밖의 법률에 따라 설치된 각급학교(기능대학과 학위과정이 설치된 교육기관을 포함한다)의 재학생으로서 공무원으로 임용되기를 원하는 사람에게 장학금을 지급하고 졸업 후 일정한 의무복무 기간을 부과하여 공무원으로 근무하게 할 수 있다.

② 제1항에 따라 장학금을 받은 사람이 본인에게 책임이 있는 사유로 장학금 지급이 중단되거나 공무원으로 임용되지 아니한 경우 또는 의무복무 기간을 마치지 아니하고 퇴직한 경우에는 본인에게 지급한 장학금의 전부 또는 일부의 반납을 명하거나 본인이 반납하지 아니할 경우 그의 보증인(「보험업법」에 따라 보증보험증권을 발행한 보험회사를 포함한다)에게 보증채무의 이행을 청구할 수 있으며, 이를 이행하지 아니하면 지방세 체납처분의 예에 따라 징수할 수 있다. 다만, 대통령령으로 정하는 불가피한 사유가 있을 때에는 그러하지 아니하다. 〈개정 2021. 10. 8.〉

③ 장학금으로 지급될 학비의 범위, 지급 대상, 채용방법, 의무복무 기간, 의무 불이행 시 환수할 금액, 그 밖에 필요한 사항은 대통령령으로 정한다. 이 경우 의무복무 기간은 장학금을 받은 기간의 2배 이내에서 정하여야 한다.

[전문개정 2008. 12. 31.]

제41조의5 삭제 〈1981. 4. 20.〉

제42조(시험 또는 임용 방해행위의 금지) 누구든지 시험 또는 임용에 관하여 고의로 방해하거나 부당한 영향을 미치는 행위를 하여서

는 아니 된다.

[전문개정 2008. 12. 31.]

제43조(인사에 관한 부정행위의 금지) 누구든지 임용시험·승진·임용, 그 밖에 인사기록에 관하여 거짓이나 부정하게 진술·기재·증명·채점 또는 보고를 하여서는 아니 된다.

[전문개정 2008. 12. 31.]

제43조의2(임용시험 부정행위자에 대한 조치) ① 시험실시기관의 장은 임용시험에서 다른 사람에게 대신하여 응시하게 하는 행위 등 대통령령으로 정하는 부정행위를 한 사람에 대하여 대통령령으로 정하는 바에 따라 해당 시험의 정지·무효 또는 합격 취소 처분을 할 수 있다. 이 경우 처분을 받은 사람에 대해서는 처분이 있은 날부터 5년의 범위에서 대통령령으로 정하는 기간 동안 임용시험의 응시자격을 정지할 수 있다.

② 시험실시기관의 장은 제1항에 따른 처분(시험의 정지는 제외한다)을 하려는 때에는 미리 그 처분 내용과 사유를 당사자에게 통지하여 소명할 기회를 주어야 한다.

[본조신설 2015. 5. 18.]

제43조의3(채용 비위 관련자의 합격 등 취소) ① 시험실시기관의 장 또는 임용권자는 누구든지 공무원 채용과 관련하여 대통령령으로 정하는 비위를 저질러 유죄판결이 확정된 경우에는 그 비위행위로 인하여 채용시험에 합격하거나 임용된 사람에 대하여 대통령령으로 정하는 바에 따라 합격 또는 임용을 취소할 수 있다. 이 경우 취소 처분을 하기 전에 미리 그 내용과 사유를 당사자에게 통지하고 소명

할 기회를 주어야 한다.

② 제1항에 따른 취소 처분은 합격 또는 임용 당시로 소급하여 효력이 발생한다.

[본조신설 2021. 6. 8.]

제5장 보수 〈개정 2008. 12. 31.〉

제44조(보수결정의 원칙) ① 공무원의 보수는 직무의 곤란성과 책임의 정도에 맞도록 계급별·직위별 또는 직무등급별로 정한다. 다만, 다음 각 호의 어느 하나에 해당하는 공무원의 보수는 따로 정할 수 있다. 〈개정 2012. 12. 11.〉

1. 직무의 곤란성과 책임도가 매우 특수하거나 결원을 보충하기 어려운 직무에 종사하는 공무원

2. 제4조제2항에 따라 같은 조 제1항의 계급 구분이나 직군 및 직렬의 분류를 적용하지 아니하는 공무원

3. 임기제공무원

② 공무원의 보수는 일반의 표준생계비, 물가수준, 그 밖의 사정을 고려하여 정하되, 민간 부문의 임금수준과 적절한 균형을 유지하도록 노력하여야 한다.

③ 경력직공무원 간, 경력직공무원과 특수경력직공무원 간에 보수의 균형을 도모하여야 한다.

④ 이 법이나 그 밖의 법령에서 정한 보수에 관한 규정에 따르지 아니하고는 어떠한 금전이나 유가물(有價物)도 공무원의 보수로 지급될 수 없다.

[전문개정 2008. 12. 31.]

제45조(보수에 관한 규정) ① 공무원의 보수에 관한 다음 각 호의 사항은 대통령령으로 정한다.

1. 봉급·호봉 및 승급에 관한 사항
2. 수당에 관한 사항
3. 보수 지급 방법, 보수 계산, 그 밖에 보수 지급에 관한 사항

② 제1항에도 불구하고 특수수당과 제76조제2항에 따른 상여금의 지급 또는 특별승급에 관한 사항은 대통령령으로 정한다.

③ 제1항에 따른 보수를 거짓이나 그 밖의 부정한 방법으로 수령한 경우에는 수령한 금액의 5배의 범위에서 가산하여 징수할 수 있다. 〈개정 2021. 6. 8.〉

④ 제3항에 따라 가산하여 징수할 수 있는 보수의 종류, 가산금액 등에 관한 사항은 대통령령으로 정한다. 〈개정 2012. 12. 11.〉

[전문개정 2008. 12. 31.]

제46조(실비보상 등) ① 공무원은 보수 외에 해당 지방자치단체의 조례로 정하는 바에 따라 직무 수행에 필요한 실비보상을 받을 수 있다.

② 공무원은 소속 기관의 장의 허가를 받아 본래의 업무수행에 지장이 없는 범위에서 담당 직무 외의 특수한 연구과제를 위탁받아 처리한 경우에는 그 보상을 받을 수 있다.

③ 제1항 및 제2항에 따른 실비보상 등을 거짓이나 그 밖의 부정한 방법으로 수령한 경우에는 수령한 금액의 5배의 범위에서 가산하여 징수할 수 있다. 〈신설 2012. 12. 11., 2021. 6. 8.〉

④ 제3항에 따라 가산하여 징수할 수 있는 실비보상 등의 종류, 가산금액 등에 관한 사항은 대통령령으로 정한다. 〈신설 2012. 12. 11.〉

[전문개정 2008. 12. 31.]

제46조의2(별정직공무원의 자진퇴직에 따른 수당) 별정직공무원(비서관·비서는 제외한다)이 다음 각 호의 어느 하나에 해당하는 경우로서 직위가 없어지거나 과원이 되어 스스로 퇴직하는 경우에는 다른 법률에 특별한 규정이 있는 경우가 아니면 대통령령으로 정하는 바에 따라 예산의 범위에서 수당을 지급할 수 있다. 〈개정 2011. 5. 23., 2014. 1. 7.〉

1. 지방자치단체를 폐지하거나 설치하거나 나누거나 합친 경우
2. 직제와 정원이 개정되거나 폐지된 경우
3. 예산이 감소된 경우

[전문개정 2008. 12. 31.]

[제목개정 2011. 5. 23.]

제46조의3(지방자치단체 외의 기관 등에서 파견된 사람의 보수) 제30조의4제1항에 따라 지방자치단체 외의 기관·단체에서 파견된 임직원의 보수는 파견한 기관에서 지급하며 파견받은 기관은 제46조를 준용하여 실비보상 등을 할 수 있다. 다만, 특히 필요한 경우에는 대통령령으로 정하는 바에 따라 파견받은 기관은 파견기관과 협의하여 보수를 지급할 수 있다.

[전문개정 2008. 12. 31.]

제6장 복무 <개정 2008. 12. 31.>

제47조(복무 선서) 공무원은 취임할 때에 소속 기관장 앞에서 조례로 정하는 바에 따라 선서를 하여야 한다. 다만, 불가피한 사유가 있을 때에는 취임 후에 선서하게 할 수 있다.

[전문개정 2008. 12. 31.]

제48조(성실의 의무) 모든 공무원은 법규를 준수하며 성실히 그 직무를 수행하여야 한다.

[전문개정 2008. 12. 31.]

제49조(복종의 의무) 공무원은 직무를 수행할 때 소속 상사의 직무상 명령에 복종하여야 한다. 다만, 이에 대한 의견을 진술할 수 있다.

[전문개정 2008. 12. 31.]

제50조(직장이탈 금지) ① 공무원은 소속 상사의 허가 없이 또는 정당한 이유 없이 직장을 이탈하지 못한다.

② 수사기관이 공무원을 구속하려면 소속 기관의 장에게 미리 통보하여야 한다. 다만, 현행범은 그러하지 아니하다.

[전문개정 2008. 12. 31.]

제51조(친절·공정의 의무) 공무원은 주민 전체의 봉사자로서 친절하고 공정하게 직무를 수행하여야 한다.

[전문개정 2008. 12. 31.]

제51조의2(종교중립의 의무) ① 공무원은 종교에 따른 차별 없이 직무를 수행하여야 한다.

② 공무원은 소속 상관이 제1항에 위배되는 직무상 명령을 한 경우에는 이에 따르지 아니할 수 있다.

[본조신설 2009. 2. 6.]

제52조(비밀 엄수의 의무) 공무원은 직무상 알게 된 비밀을 엄수하여야 한다.

[전문개정 2008. 12. 31.]

제53조(청렴의 의무) ① 공무원은 직무와 관련하여 직접적이든 간접적이든 사례(謝禮)·증여 또는 향응을 주거나 받을 수 없다.

② 공무원은 직무상 관계가 있든 없든 그 소속 상사에게 증여하거나 소속 공무원으로부터 증여를 받아서는 아니 된다.

[전문개정 2008. 12. 31.]

제54조(외국정부의 영예 등을 받을 경우) 공무원은 외국정부로부터 영예 또는 증여를 받을 경우에는 대통령의 허가를 받아야 한다.

[전문개정 2008. 12. 31.]

제55조(품위 유지의 의무) 공무원은 품위를 손상하는 행위를 하여서는 아니 된다.

[전문개정 2008. 12. 31.]

제56조(영리 업무 및 겸직 금지) ① 공무원은 공무 외에 영리를 목적으로 하는 업무에 종사하지 못하며, 소속 기관의 장의 허가 없이 다른 직무를 겸할 수 없다.

② 제1항에 따른 영리를 목적으로 하는 업무의 한계는 대통령령으로 정한다.

[전문개정 2008. 12. 31.]

제57조(정치운동의 금지) ① 공무원은 정당이나 그 밖의 정치단체의 결성에 관여하거나 가입할 수 없다.

② 공무원은 선거에서 특정정당 또는 특정인을 지지하거나 반대하기 위하여 다음 각 호의 어느 하나에 해당하는 행위를 하여서는 아니 된다.

1. 투표를 하거나 하지 아니하도록 권유하는 것

2. 서명운동을 기획·주재하거나 권유하는 것

3. 문서 또는 도화(圖畵)를 공공시설 등에 게시하거나 게시하게 하는 것

4. 기부금품을 모집하거나 모집하게 하는 행위 또는 공공자금을 이용하거나 이용하게 하는 것

5. 타인에게 정당이나 그 밖의 정치단체에 가입하게 하거나 가입하지 아니하도록 권유하는 것

③ 공무원은 다른 공무원에게 제1항과 제2항에 위배되는 행위를 하도록 요구하거나 정치적 행위에 대한 보상 또는 보복으로 이익 또는 불이익을 약속하여서는 아니 된다.

④ 제1항부터 제3항까지에서 규정한 사항 외에 공무원의 정치적 행위의 금지에 관한 한계는 대통령령으로 정한다. 〈신설 2011. 5. 23.〉

[전문개정 2008. 12. 31.]

제58조(집단행위의 금지) ① 공무원은 노동운동이나 그 밖에 공무 외의 일을 위한 집단행위를 하여서는 아니 된다. 다만, 사실상 노무에 종사하는 공무원은 예외로 한다.

② 제1항 단서에 규정된 사실상 노무에 종사하는 공무원의 범위는 조례로 정한다.

③ 제1항 단서에 규정된 사실상 노무에 종사하는 공무원으로서 노동조합에 가입한 사람이 조합업무를 전임(專任)으로 하려면 소속 지방자치단체의 장 또는 소속 지방의회의 의장의 허가를 받아야 한다. 〈개정 2021. 10. 8.〉

④ 제3항에 따른 허가에는 필요한 조건을 붙일 수 있다.

[전문개정 2008. 12. 31.]

제59조(위임규정) 공무원의 복무에 필요한 사항은 이 법에서 규정하는 것 외에는 대통령령 또는 해당 지방자치단체의 조례로 정한다.

[전문개정 2008. 12. 31.]

제7장 신분보장 〈개정 2008. 12. 31.〉

제60조(신분보장의 원칙) 공무원은 형의 선고·징계 또는 이 법에서 정하는 사유가 아니면 본인의 의사에 반하여 휴직·강임 또는 면직을 당하지 아니한다. 다만, 1급 공무원은 그러하지 아니하다.

[전문개정 2008. 12. 31.]

제61조(당연퇴직) 공무원이 다음 각 호의 어느 하나에 해당할 때에는 당연히 퇴직한다. 〈개정 2015. 5. 18., 2015. 12. 29., 2018. 10. 16., 2022. 12. 27., 2024. 12. 31.〉

1. 제31조제2호부터 제6호까지, 제6호의2부터 제6호의4까지, 제7호 및 제8호의 어느 하나에 해당하는 경우. 다만, 제31조제2호는 파산선고를 받은 사람으로서 「채무자 회생 및 파산에 관한 법률」에 따라 신청기한 내에 면책신청을 하지 아니하였거나 면책불허가 결정 또는 면책 취소가 확정된 경우만 해당하고, 제31조제5호는 「형법」

제129조부터 제132조까지, 「성폭력범죄의 처벌 등에 관한 특례법」 제2조, 「정보통신망 이용촉진 및 정보보호 등에 관한 법률」 제74조 제1항제2호 · 제3호, 「스토킹범죄의 처벌 등에 관한 법률」 제2조제2호, 「아동 · 청소년의 성보호에 관한 법률」 제2조제2호 및 직무와 관련하여 「형법」 제355조 또는 제356조에 규정된 죄를 범한 사람으로서 금고 이상의 형의 선고유예를 받은 경우만 해당한다.

2. 임기제공무원의 근무기간이 만료된 경우

[전문개정 2012. 12. 11.]

제62조(직권면직) ① 임용권자는 공무원이 다음 각 호의 어느 하나에 해당할 때에는 직권으로 면직시킬 수 있다. 〈개정 2012. 12. 11., 2016. 5. 29.〉

1. 다음 각 목의 어느 하나에 해당하는 경우로서 직위가 없어지거나 과원이 된 때

가. 지방자치단체를 폐지하거나 설치하거나 나누거나 합친 경우

나. 직제와 정원이 개정되거나 폐지된 경우

다. 예산이 감소된 경우

2. 휴직기간이 끝나거나 휴직사유가 소멸된 후에도 직무에 복귀하지 아니하거나 직무를 감당할 수 없을 때

3. 전직시험에서 3회 이상 불합격한 사람으로서 직무수행 능력이 부족하다고 인정될 때

4. 병역판정검사 · 입영 또는 소집 명령을 받고 정당한 이유 없이 이를 기피하거나 군복무를 위하여 휴직 중인 사람이 군복무 중 군무(軍務)를 이탈하였을 때

5. 제65조의3제3항에 따라 대기명령을 받은 사람이 그 기간 중 능력 또는 근무성적의 향상을 기대하기 어렵다고 인정될 때

6. 해당 직급·직위에서 직무를 수행하는 데 필요한 자격증의 효력이 없어지거나 면허가 취소되어 담당 직무를 수행할 수 없게 되었을 때

② 임용권자는 제1항에 따라 면직시킬 경우에는 미리 인사위원회의 의견을 들어야 한다. 다만, 제1항제5호에 따라 면직시킬 경우에는 해당 인사위원회의 동의를 받아야 하며, 시장·군수·구청장 소속 5급 이상 공무원은 시·도지사 소속 인사위원회의 동의를 받아야 하고, 시·군·구의회의 의장 소속 5급 이상 공무원은 시·도의회의 의장 소속 인사위원회의 동의를 받아야 한다. 〈개정 2021. 10. 8.〉

③ 임용권자는 제1항제1호에 따라 소속 공무원을 면직시킬 때에는 임용형태, 업무실적, 직무수행능력, 징계처분 사실 등을 고려하여 면직 기준을 정하여야 한다.

④ 제3항의 면직 기준을 정하거나 제1항제1호에 따라 면직 대상자를 결정할 때에는 미리 해당 인사위원회의 의결을 거쳐야 한다.

⑤ 제1항제2호에 따른 직권면직일은 휴직기간이 끝난 날 또는 휴직사유가 소멸한 날로 한다.

[전문개정 2008. 12. 31.]

제63조(휴직) ① 공무원이 다음 각 호의 어느 하나에 해당하면 임용권자는 본인의 의사에도 불구하고 휴직을 명하여야 한다.

1. 신체·정신상의 장애로 장기요양이 필요할 때

2. 「병역법」에 따른 병역의무를 마치기 위하여 징집되거나 소집되었을 때

3. 천재지변 또는 전시·사변이나 그 밖의 사유로 생사(生死) 또는 소재(所在)가 불명확하게 되었을 때

4. 「공무원의 노동조합 설립 및 운영 등에 관한 법률」 제7조에 따라 노동조합 전임자로 종사하게 되었을 때

5. 그 밖에 법률에 따른 의무를 수행하기 위하여 직무를 이탈하게 되었을 때

② 공무원이 다음 각 호의 어느 하나에 해당하는 사유로 휴직을 원하면 임용권자는 휴직을 명할 수 있다. 다만, 제4호의 경우에는 대통령령으로 정하는 특별한 사정이 없으면 휴직을 명하여야 한다. 〈개정 2011. 5. 23., 2013. 3. 23., 2013. 8. 6., 2014. 11. 19., 2015. 5. 18., 2015. 12. 29., 2017. 7. 26., 2021. 6. 8., 2024. 12. 31.〉

1. 국제기구·외국기관, 국내외의 대학·연구기관, 다른 국가기관 또는 대통령령으로 정하는 민간기업, 그 밖의 기관에 임시로 채용될 때

2. 해외유학을 하게 되었을 때

3. 교육부장관 또는 행정안전부장관이 지정하는 연구기관이나 교육기관 등에서 연수하게 되었을 때

4. 8세 이하 또는 초등학교 2학년 이하의 자녀를 양육하기 위하여 필요하거나 여성공무원이 임신 또는 출산하게 되었을 때

5. 조부모, 부모(배우자의 부모를 포함한다), 배우자, 자녀 또는

손자녀를 부양하거나 돌보기 위하여 필요한 경우. 다만, 조부모나 손자녀의 돌봄을 위하여 휴직할 수 있는 경우는 본인 외에 돌볼 사람이 없는 등 대통령령으로 정하는 요건을 갖춘 경우로 한정한다.

6. 외국에서 근무·유학 또는 연수하게 되는 배우자를 동반할 때

7. 대통령령으로 정하는 기간 동안 재직한 공무원이 직무 관련 연구과제 수행 또는 자기개발을 위하여 학습·연구 등을 하게 된 때

③ 임기제공무원에 대하여는 제1항제1호·제2호 및 제2항제4호에 한정하여 제1항 및 제2항을 적용한다. 〈신설 2012. 12. 11., 2020. 1. 29.〉

④ 임용권자는 제2항제4호에 따른 휴직을 이유로 불리한 처우를 하여서는 아니 된다.

⑤ 제1항부터 제4항까지의 규정에 따른 휴직제도 운영에 필요한 사항은 대통령령으로 정한다. 〈개정 2012. 12. 11.〉

[전문개정 2008. 12. 31.]

제64조(휴직기간) 휴직기간은 다음 각 호와 같다. 〈개정 2011. 5. 23., 2013. 8. 6., 2015. 5. 18., 2015. 12. 29., 2018. 3. 20., 2021. 6. 8.〉

1. 제63조제1항제1호에 따른 휴직기간은 1년 이내로 하되, 부득이한 경우 1년의 범위에서 연장할 수 있다. 다만, 다음 각 목의 어느 하나에 해당하는 질병 또는 부상으로 인한 휴직기간은 3년 이내로 하되, 의학적 소견 등을 고려하여 대통령령으로 정하는 바에 따라 2년의 범위에서 연장할 수 있다.

가. 「공무원 재해보상법」 제22조제1항에 따른 요양급여 지급대

상 부상 또는 질병

나. 「산업재해보상보험법」 제40조에 따른 요양급여 결정 대상 질병 또는 부상

2. 제63조제1항제2호 및 제5호에 따른 휴직기간은 복무기간이 끝날 때까지로 한다.

3. 제63조제1항제3호에 따른 휴직기간은 3개월 이내로 한다.

4. 제63조제1항제4호에 따른 휴직기간은 그 전임기간으로 한다.

5. 제63조제2항제1호에 따른 휴직기간은 그 채용기간으로 한다. 다만, 민간기업이나 그 밖의 기관에 채용되는 경우에는 3년 이내로 한다.

6. 제63조제2항제2호 및 제6호에 따른 휴직기간은 3년 이내로 하되, 부득이한 경우에는 2년의 범위에서 연장할 수 있다.

7. 제63조제2항제3호에 따른 휴직기간은 2년 이내로 한다.

8. 제63조제2항제4호에 따른 휴직기간은 자녀 1명에 대하여 3년 이내로 한다.

9. 제63조제2항제5호에 따른 휴직기간은 1년 이내로 하되, 재직기간 중 총 3년을 초과할 수 없다.

10. 제63조제2항제7호에 따른 휴직기간은 1년 이내로 한다.

[전문개정 2008. 12. 31.]

제65조(휴직의 효력) ① 휴직 중인 공무원은 공무원의 신분은 보유하나 직무에 종사하지 못한다.

② 휴직 중인 공무원은 휴직기간 중 그 사유가 소멸되면 30일 이내에 임용권자에게 신고하여야 하며, 임용권자는 지체 없이 복직을

명하여야 한다.

③ 휴직기간이 끝난 공무원이 30일 이내에 복귀신고를 하면 당연히 복직된다.

[전문개정 2008. 12. 31.]

제65조의2(특수경력직공무원의 휴직) ① 정무직공무원에 대하여는 제63조제1항제2호, 같은 조 제2항제4호, 같은 조 제4항, 제64조제2호·제8호 및 제65조를 준용한다.

② 별정직공무원에 대하여는 제63조제1항제1호부터 제3호까지, 같은 조 제2항제4호·제5호, 같은 조 제4항, 제64조제1호부터 제3호까지, 같은 조 제8호·제9호 및 제65조를 준용한다.

③ 삭제 〈2012. 12. 11.〉

④ 특수경력직공무원의 휴직에 대하여 다른 법률에 특별한 규정이 있는 경우에는 그 규정에 따른다.

[전문개정 2011. 5. 23.]

제65조의3(직위해제) ① 임용권자는 다음 각 호의 어느 하나에 해당하는 사람에 대하여는 직위를 부여하지 아니할 수 있다. 〈개정 2010. 3. 22., 2015. 5. 18.〉

1. 직무수행 능력이 부족하거나 근무성적이 극히 나쁜 사람

2. 파면·해임·강등·정직에 해당하는 징계의결이 요구되고 있는 사람

3. 형사사건으로 기소된 사람(약식명령이 청구된 사람은 제외한다)

4. 금품비위, 성범죄 등 대통령령으로 정하는 비위행위로 인하여 감사원 및 검찰·경찰 등 수사기관에서 조사나 수사 중인 자로서 비

위의 정도가 중대하고 이로 인하여 정상적인 업무수행을 기대하기 현저히 어려운 자

② 임용권자는 제1항에 따라 직위를 주지 아니한 경우에 그 사유가 소멸되면 지체 없이 직위를 부여하여야 한다.

③ 임용권자는 제1항제1호에 따라 직위를 주지 아니할 때에는 미리 해당 인사위원회의 의견을 들어야 하며, 직위해제된 사람에게는 3개월의 범위에서 대기를 명한다.

④ 임용권자는 제3항에 따라 대기명령을 받은 사람에게 능력 회복이나 근무성적의 향상을 위한 교육훈련 또는 특별한 연구과제의 부여 등 필요한 조치를 하여야 한다.

⑤ 공무원에 대하여 제1항제1호의 직위해제 사유와 같은 항 제2호부터 제4호까지의 직위해제 사유가 경합(競合)할 때에는 같은 항 제2호부터 제4호까지의 직위해제 처분을 하여야 한다. 〈개정 2015. 5. 18.〉

[전문개정 2008. 12. 31.]

제65조의4(강임) ① 임용권자는 직제 또는 정원의 변경이나 예산의 감소 등으로 직위가 없어지거나 하위의 직위로 변경되어 과원이 되었을 때 또는 본인이 동의한 경우에는 소속 공무원을 강임할 수 있다. 〈개정 2010. 3. 22.〉

② 제1항에 따라 강임된 공무원은 상위 직급에 결원이 생기면 제38조, 제39조 및 제39조의2에도 불구하고 우선 임용된다. 다만, 본인이 동의하여 강임된 공무원은 본인의 경력과 해당 기관의 인력 사정 등을 고려하여 우선 임용될 수 있다.

[전문개정 2008. 12. 31.]

제66조(정년) ① 공무원의 정년은 다른 법률에 특별한 규정이 있는 경우를 제외하고는 60세로 한다.

② 제1항에 따른 정년을 적용할 때 공무원은 그 정년에 이른 날이 1월에서 6월 사이에 있으면 6월 30일에, 7월에서 12월 사이에 있으면 12월 31일에 각각 당연히 퇴직한다.

[전문개정 2008. 12. 31.]

제66조의2(명예퇴직 등) ① 공무원으로 20년 이상 근속(勤續)한 사람이 정년 전에 스스로 퇴직하는 경우(임기제공무원이 아닌 경력직 공무원이 임기제공무원으로 임용되어 퇴직하는 경우로서 대통령령으로 정하는 경우를 포함한다)에는 예산의 범위에서 명예퇴직수당을 지급할 수 있다. 〈개정 2012. 12. 11.〉

② 다음 각 호의 어느 하나에 해당하는 경우로서 직위가 없어지거나 과원이 되었을 때 20년 미만 근속한 사람이 정년 전에 스스로 퇴직하는 경우에는 예산의 범위에서 수당을 지급할 수 있다.

1. 지방자치단체를 폐지하거나 설치하거나 나누거나 합친 경우
2. 직제와 정원이 개정되거나 폐지된 경우
3. 예산이 감소된 경우

③ 제1항에 따라 명예퇴직수당을 받은 사람이 다음 각 호의 어느 하나에 해당하는 경우에는 명예퇴직수당을 지급한 지방자치단체의 장 또는 지방의회의 의장이 그 명예퇴직수당을 환수하여야 한다. 다만, 제2호에 해당하는 경우로서 지방공무원으로 재임용된 경우에는 재임용한 지방자치단체의 장 또는 지방의회의 의장이 환수하여야 한

다. 〈개정 2012. 12. 11., 2021. 10. 8.〉

1. 재직 중의 사유로 금고 이상의 형을 선고받은 경우

1의2. 재직 중에 「형법」 제129조부터 제132조까지에 규정된 죄를 범하여 금고 이상의 형의 선고유예를 받은 경우

1의3. 재직 중에 직무와 관련하여 「형법」 제355조 또는 제356조에 규정된 죄를 범하여 300만원 이상의 벌금형을 선고받고 그 형이 확정되거나 금고 이상의 형의 선고유예를 받은 경우

2. 경력직공무원, 그 밖에 대통령령으로 정하는 공무원으로 재임용되는 경우

3. 명예퇴직수당을 초과하여 받거나 그 밖에 명예퇴직수당 지급대상이 아닌 사람이 지급받은 경우

④ 제3항에 따라 환수금을 내야 할 사람이 기한 내에 내지 아니하면 지방세 체납처분의 예에 따라 환수금을 징수할 수 있다. 〈신설 2012. 12. 11.〉

⑤ 제1항의 명예퇴직수당 및 제2항의 수당 지급 대상 범위, 지급액, 지급절차와 제3항 및 제4항에 따른 명예퇴직수당의 환수액, 환수 절차 등에 관하여 필요한 사항은 대통령령으로 정한다. 〈개정 2012. 12. 11.〉

[전문개정 2008. 12. 31.]

제8장 권익의 보장 〈개정 2008. 12. 31.〉

제67조(처분사유 설명서의 교부 및 심사의 청구) ① 임용권자가 공무원에 대하여 징계처분등을 할 때와 강임·휴직·직위해제 또는 면

직처분을 할 때에는 그 공무원에게 처분의 사유를 적은 설명서를 교부하여야 한다. 다만, 본인의 원(願)에 따른 강임 · 휴직 또는 면직 처분의 경우에는 그러하지 아니하다. 〈개정 2010. 3. 22.〉

② 임용권자는 피해자가 요청하는 경우 다음 각 호의 어느 하나에 해당하는 사유로 처분사유 설명서를 교부할 때에는 그 징계처분 결과를 피해자에게 함께 통보하여야 한다. 〈신설 2018. 10. 16., 2024. 3. 19.〉

1. 「성폭력범죄의 처벌 등에 관한 특례법」 제2조에 따른 성폭력범죄

2.「양성평등기본법」 제3조제2호에 따른 성희롱

3. 직장에서의 지위나 관계 등의 우위를 이용하여 업무상 적정범위를 넘어 다른 공무원 등에게 부당한 행위를 하거나 신체적 · 정신적 고통을 주는 등의 행위로서 대통령령으로 정하는 행위

③ 제1항에 따른 설명서를 받은 공무원이 그 처분에 불복할 때에는 설명서를 받은 날부터 30일 이내 또는 공무원이 제1항에서 정한 처분 외에 본인의 의사에 반하는 불이익처분을 받았을 때에는 그 처분이 있은 것을 안 날부터 30일 이내에 심사위원회에 그 처분에 대한 심사를 청구할 수 있다. 이 경우 변호사를 대리인으로 선임할 수 있다. 〈개정 2018. 10. 16.〉

④ 본인의 의사에 반하여 파면 또는 해임이나 제62조제1항제5호에 따른 면직처분을 하였을 때에는 그 처분을 한 날부터 40일 이내에는 후임자를 보충발령하지 못한다. 다만, 인력 관리상 후임자를 보충하여야 할 불가피한 사유가 있는 경우(제5항에 따른 임시결정을

한 경우는 제외한다)에는 해당 인사위원회의 의결을 거쳐 후임자를 보충발령할 수 있다. 〈개정 2018. 10. 16.〉

⑤ 제3항에 따른 심사청구가 파면 또는 해임이나 제62조제1항제5호에 따른 면직처분으로 인한 경우에는 심사위원회는 그 청구를 접수한 날부터 5일 이내에 해당 사건의 최종결정이 있을 때까지 후임자의 보충발령을 유예하게 하는 임시결정을 할 수 있다. 〈개정 2018. 10. 16.〉

⑥ 제5항에 따라 심사위원회가 임시결정을 한 경우에는 임시결정을 한 날부터 20일 이내에 최종결정을 하여야 하며, 임용권자는 그 최종결정이 있을 때까지 후임자를 보충발령하지 못한다. 〈개정 2018. 10. 16.〉

⑦ 심사위원회는 제5항에 따른 임시결정을 한 경우 외에는 소청심사청구를 접수한 날부터 60일 이내에 이에 대한 결정을 하여야 한다. 다만, 불가피하다고 인정되면 심사위원회의 의결로 30일을 연장할 수 있다. 〈개정 2018. 10. 16.〉

⑧ 공무원은 제3항의 심사청구를 이유로 불이익한 처분이나 대우를 받지 아니한다. 〈개정 2018. 10. 16.〉

[전문개정 2008. 12. 31.]

제67조의2(고충처리) ① 공무원은 누구나 인사·조직·처우 등 각종 근무조건과 그 밖의 신상문제와 관련한 고충에 대하여 상담을 신청하거나 심사를 청구할 수 있으며, 누구나 기관 내 성폭력 범죄 또는 성희롱을 겪거나 그 발생 사실을 알게 된 경우 이를 신고할 수 있다. 이 경우 상담 신청이나 심사 청구 또는 신고를 이유로 불이익을

주는 처분이나 대우를 받지 아니한다. 〈개정 2021. 10. 8.〉

② 임용권자는 제1항에 따라 상담을 신청 받은 경우에는 소속 공무원을 지정하여 상담하게 하고, 심사를 청구 받은 경우에는 인사위원회 회의에 부쳐 심사하도록 하여야 하며 그 결과에 따라 고충의 해소 등 공정한 처리를 위하여 노력하여야 한다. 〈개정 2020. 1. 29.〉

③ 임용권자는 기관 내 성폭력 범죄 또는 성희롱 발생 사실의 신고를 받은 경우에는 지체 없이 사실 확인을 위한 조사를 하고 그에 따라 필요한 조치를 하여야 한다. 〈신설 2021. 10. 8.〉

④ 인사위원회는 임용권자로부터 고충심사의 요구를 받으면 지체 없이 이를 심사하고 임용권자에게 보고하거나 알려야 한다. 〈개정 2020. 1. 29., 2021. 10. 8.〉

⑤ 제4항에 따라 고충심사 결과에 대한 보고 또는 통지를 받은 임용권자는 심사결과를 청구인에게 알릴 뿐 아니라 직접 고충 해소를 위한 조치를 하거나 관계 기관의 장에게 시정요청을 할 수 있으며, 요청을 받은 관계 기관의 장은 특별한 사유가 없으면 이를 이행하고 그 처리 결과를 임용권자에게 알려야 한다. 다만, 부득이한 사유로 이행하지 못할 경우에는 그 사유를 알려야 한다. 〈개정 2020. 1. 29., 2021. 10. 8.〉

⑥ 고충상담이나 고충심사의 절차, 그 밖에 필요한 사항은 대통령령으로 정한다. 〈개정 2020. 1. 29., 2021. 10. 8.〉

[전문개정 2008. 12. 31.]

제67조의3(특수경력직공무원의 고충처리) 다른 법률에 특별한 규정

이 있는 경우 외에는 대통령령으로 정하는 바에 따라 특수경력직공무원에 대하여도 제67조의2를 준용할 수 있다.

[전문개정 2008. 12. 31.]

제67조의4(공익신고 등 신고자에 대한 보호) ① 누구든지 공무원이 다음 각 호의 신고를 하지 못하도록 방해하거나 신고를 취소하도록 강요하여서는 아니 되며, 신고자에게 신고나 이와 관련한 진술, 그 밖에 자료 제출 등을 이유로 불이익조치를 하여서는 아니 된다.

1. 「공익신고자 보호법」 제2조제3호에 따른 공익신고등
2. 「공직자의 이해충돌 방지법」 제18조에 따른 위반행위의 신고
3. 「부정청탁 및 금품등 수수의 금지에 관한 법률」 제13조 또는 제13조의2에 따른 위반행위의 신고
4. 「부패방지 및 국민권익위원회의 설치와 운영에 관한 법률」 제55조 또는 제58조의2에 따른 부패행위의 신고
5. 그 밖에 다른 법령에서 정한 공공의 이익을 침해하는 위법행위에 대한 신고로서 신고자의 보호가 필요하다고 인정되는 신고

② 누구든지 제1항 각 호의 신고를 한 공무원의 인적사항이나 그가 신고자임을 미루어 알 수 있는 사실을 본인의 동의 없이 다른 사람에게 알리거나 공개하여서는 아니 된다.

[본조신설 2024. 3. 19.]

제68조(사회보장) ① 공무원이 질병·부상·장애·분만·퇴직·사망 또는 재해를 입은 경우에는 본인이나 유족에게 법률에서 정하는 바에 따라 적절한 급여를 지급한다.

② 지방자치단체는 법률에서 정하는 바에 따라 공무원의 복지와

이익을 적절·공정하게 보호하기 위하여 그 대책을 수립·실시하여야 한다.

[전문개정 2008. 12. 31.]

제9장 징계 〈개정 2008. 12. 31.〉

제69조(징계사유) ① 공무원이 다음 각 호의 어느 하나에 해당하면 징계의결을 요구하여야 하고, 징계의결의 결과에 따라 징계처분을 하여야 한다.

1. 이 법 또는 이 법에 따른 명령이나 지방자치단체의 조례 또는 규칙을 위반하였을 때

2. 직무상의 의무(다른 법령에서 공무원의 신분으로 인하여 부과된 의무를 포함한다)를 위반하거나 직무를 태만히 하였을 때

3. 공무원의 품위를 손상하는 행위를 하였을 때

② 공무원(특수경력직공무원 및 국가공무원을 포함한다)이었던 사람이 다시 공무원으로 임용된 경우에 재임용 전에 적용된 법령에 따른 징계사유는 그 사유가 발생한 날부터 이 법에 따른 징계사유가 발생한 것으로 본다. 다만, 같은 사유로 이미 징계처분을 받은 경우에는 그러하지 아니하다. 〈개정 2021. 6. 8.〉

③ 삭제 〈2021. 6. 8.〉

④ 삭제 〈2021. 6. 8.〉

⑤ 제1항의 징계의결을 요구하는 경우 제75조의2제3항에 따른 징계 등의 면제 사유가 있는지를 사전에 검토하여야 한다. 〈신설 2022. 12. 27.〉

[전문개정 2008. 12. 31.]

제69조의2(징계부가금) ① 제69조에 따라 공무원의 징계 의결을 요구하는 경우 그 징계 사유가 다음 각 호의 어느 하나에 해당하는 경우에는 해당 징계 외에 다음 각 호의 행위로 취득하거나 제공한 금전 또는 재산상 이득(금전이 아닌 재산상 이득의 경우에는 금전으로 환산한 금액을 말한다)의 5배 내의 징계부가금 부과 의결을 인사위원회에 요구하여야 한다. 〈개정 2015. 5. 18.〉

1. 금전, 물품, 부동산, 향응 또는 그 밖에 대통령령으로 정하는 재산상 이익을 취득하거나 제공한 경우

2. 다음 각 목에 해당하는 것을 횡령(橫領), 배임(背任), 절도, 사기 또는 유용(流用)한 경우

가. 「국가재정법」에 따른 예산 및 기금

나. 「지방재정법」에 따른 예산 및 「지방자치단체 기금관리기본법」에 따른 기금

다. 「국고금 관리법」 제2조제1호에 따른 국고금

라. 「보조금 관리에 관한 법률」 제2조제1호에 따른 보조금

마. 「국유재산법」 제2조제1호에 따른 국유재산 및 「물품관리법」 제2조제1항에 따른 물품

바. 「공유재산 및 물품 관리법」 제2조제1호 및 제2호에 따른 공유재산 및 물품

사. 그 밖에 가목부터 바목까지에 준하는 것으로서 대통령령으로 정하는 것

② 인사위원회는 징계부가금 부과 의결을 하기 전에 징계부가금

부과 대상자가 제1항 각 호의 어느 하나에 해당하는 사유로 다른 법률에 따라 형사처벌을 받거나 변상책임 등을 이행한 경우(몰수나 추징을 당한 경우를 포함한다) 또는 다른 법령에 따른 환수나 가산 징수 절차에 따라 환수금이나 가산징수금을 납부한 경우에는 대통령령으로 정하는 바에 따라 조정된 범위에서 징계부가금 부과를 의결하여야 한다. 〈개정 2015. 5. 18.〉

③ 인사위원회는 징계부가금 부과 의결을 한 후에 징계부가금 부과 대상자가 형사처벌을 받거나 변상책임 등을 이행한 경우(몰수나 추징을 당한 경우를 포함한다) 또는 환수금이나 가산징수금을 납부한 경우에는 대통령령령으로 정하는 바에 따라 이미 의결된 징계부가금의 감면 등의 조치를 하여야 한다. 〈신설 2015. 5. 18.〉

④ 제1항에 따라 징계부가금 부과처분을 받은 사람이 납부기간 내에 그 부가금을 납부하지 아니한 때에는 처분권자는 지방세 체납처분의 예에 따라 징수할 수 있다. 〈개정 2015. 5. 18.〉

⑤ 처분권자는 제4항에 따른 징수 조치를 성실히 이행하였음에도 불구하고 체납일부터 5년이 지난 후에도 징수가 불가능하다고 인정될 때에는 관할 인사위원회에 징계부가금 감면의결을 요청할 수 있다. 〈신설 2015. 12. 29.〉

[본조신설 2010. 3. 22.]

[종전 제69조의2는 제69조의3으로 이동 〈2010. 3. 22.〉]

제69조의3(재징계의결 등의 요구) ① 처분권자는 다음 각 호에 해당하는 사유로 심사위원회 또는 법원에서 징계처분등의 무효 또는 취소(취소명령 포함)의 결정이나 판결을 받은 경우에는 다시 징계의결

등을 요구하여야 한다. 다만, 제3호의 사유로 무효 또는 취소(취소명령포함)의 결정이나 판결을 받은 감봉·견책처분에 대하여는 징계의결을 요구하지 아니할 수 있다. 〈개정 2010. 3. 22.〉

1. 법령의 적용, 증거 및 사실 조사에 명백한 흠이 있는 경우

2. 인사위원회의 구성 또는 징계의결등, 그 밖에 절차상의 흠이 있는 경우

3. 징계양정 또는 징계부가금이 과다(過多)한 경우

② 처분권자는 제1항에 따른 징계의결등을 요구하는 경우에는 심사위원회의 결정 또는 법원의 판결이 확정된 날부터 3개월 이내에 관할 인사위원회에 징계의결등을 요구하여야 하며, 관할 인사위원회에서는 다른 징계사건에 우선하여 징계의결등을 하여야 한다. 〈개정 2010. 3. 22.〉

[본조신설 2008. 12. 31.]

[제목개정 2010. 3. 22.]

[제69조의2에서 이동 〈2010. 3. 22.〉]

제69조의4(퇴직을 희망하는 공무원의 징계사유 확인 및 퇴직 제한 등) ① 임용권자는 공무원이 퇴직을 희망하는 경우에는 제69조제1항에 따른 징계사유가 있는지 및 제2항 각 호의 어느 하나에 해당하는지 여부를 감사원과 검찰·경찰 등 조사 및 수사기관(이하 이 조에서 "조사 및 수사기관"이라 한다)의 장에게 확인하여야 한다. 〈개정 2020. 1. 29.〉

② 제1항에 따른 확인 결과 퇴직을 희망하는 공무원이 파면, 해임, 강등 또는 정직에 해당하는 징계사유가 있거나 다음 각 호의 어

는 하나에 해당하는 경우(제1호 · 제3호 및 제4호의 경우에는 해당 공무원이 파면 · 해임 · 강등 또는 정직의 징계에 해당한다고 판단되는 경우에 한정한다) 임용권자는 지체 없이 징계의결등을 요구하여야 하고, 퇴직을 허용하여서는 아니 된다. 〈개정 2020. 1. 29.〉

1. 비위(非違)와 관련하여 형사사건으로 기소된 때

2. 인사위원회에 파면 · 해임 · 강등 또는 정직에 해당하는 징계 의결이 요구 중인 때

3. 조사 및 수사기관에서 비위와 관련하여 조사 또는 수사 중인 때

4. 각급 행정기관의 감사부서 등에서 비위와 관련하여 내부 감사 또는 조사 중인 때

③ 관할 인사위원회는 제2항에 따라 징계의결등이 요구된 경우 다른 징계사건에 우선하여 징계의결등을 하여야 한다.

④ 그 밖에 퇴직을 제한하는 절차 등 필요한 사항은 대통령령으로 정한다. 〈신설 2020. 1. 29.〉

[본조신설 2015. 12. 29.]

[제목개정 2020. 1. 29.]

제70조(징계의 종류) 징계는 파면 · 해임 · 강등 · 정직 · 감봉 및 견책으로 구분한다.

[전문개정 2008. 12. 31.]

제71조(징계의 효력) ① 강등은 1계급 아래로 직급을 내리고(연구관 및 지도관은 연구사 및 지도사로 한다) 공무원신분은 보유하나 3개월간 직무에 종사하지 못하며 그 기간 중 보수는 전액을 감한다. 다

만, 제4조제2항에 따라 계급을 구분하지 아니하는 공무원, 임기제공무원 및 「고등교육법」 제14조에 따른 교원과 조교에 대해서는 강등을 적용하지 아니한다. 〈개정 2012. 12. 11., 2014. 1. 7., 2015. 12. 29.〉

② 제1항에도 불구하고 교육감 소속의 교육전문직원의 강등은 「교육공무원법」 제2조제10항에 따라 같은 종류의 직무에서 하위의 직위에 임명하고, 공무원의 신분은 보유하게 하나 3개월간 직무에 종사하지 못하게 하며 그 기간 중 보수는 전액을 감한다. 〈신설 2014. 1. 7., 2015. 12. 29.〉

③ 정직은 1개월 이상 3개월 이하의 기간으로 하고, 정직처분을 받은 사람은 그 기간 중 공무원의 신분은 보유하나 직무에 종사하지 못하며 보수는 전액을 삭감한다. 〈개정 2014. 1. 7., 2015. 12. 29.〉

④ 감봉은 1개월 이상 3개월 이하의 기간 보수의 3분의 1을 삭감한다. 〈개정 2014. 1. 7.〉

⑤ 견책은 전과(前過)에 대하여 훈계하고 뉘우치게 한다. 〈개정 2014. 1. 7.〉

⑥ 강등(3개월간 직무에 종사하지 못하는 효력 및 그 기간 중 보수는 전액을 감하는 효력으로 한정한다), 정직 및 감봉의 징계처분은 휴직기간 중에는 그 집행을 정지한다. 〈신설 2024. 3. 19.〉

⑦ 징계처분을 받은 공무원은 그 처분을 받은 날 또는 그 집행이 끝난 날부터 대통령령으로 정하는 기간 동안 승진임용 또는 승급을 할 수 없다. 다만, 징계처분을 받은 후 직무수행의 공적으로 포상 등을 받은 공무원에 대하여는 대통령령으로 정하는 바에 따라 승진

임용이나 승급의 제한기간을 단축하거나 면제할 수 있다. 〈개정 2014. 1. 7., 2024. 3. 19.〉

⑧ 공무원(특수경력직공무원 및 국가공무원을 포함한다)이었던 사람이 다시 공무원이 된 경우에는 재임용 전에 적용된 법령에 따라 받은 징계처분은 그 처분일부터 이 법에 따른 징계처분을 받은 것으로 본다. 다만, 제70조에서 정한 징계의 종류 외의 징계처분의 효력에 관하여는 대통령령으로 정한다. 〈개정 2014. 1. 7., 2021. 6. 8., 2024. 3. 19.〉

⑨ 삭제 〈2021. 6. 8.〉

[전문개정 2008. 12. 31.]

제72조(징계 등 절차) ① 징계처분등은 인사위원회의 의결을 거쳐 임용권자가 한다. 다만, 5급 이상 공무원 또는 이와 관련된 하위직 공무원의 징계처분등과 소속 기관(시·도와 구·시·군, 구·시·군)을 달리하는 동일사건에 관련된 사람의 징계처분등은 대통령령으로 정하는 바에 따라 시·도지사 소속 인사위원회 또는 시·도의회의 의장 소속 인사위원회의 의결로 한다. 〈개정 2010. 3. 22., 2021. 10. 8.〉

② 징계의결등을 요구한 기관의 장은 인사위원회의 의결이 가볍다고 인정하면 그 처분을 하기 전에 직근 상급기관에 설치된 인사위원회(시·도의 인사위원회의 의결에 대하여는 그 인사위원회, 시·도에 복수의 인사위원회를 두는 경우 제1인사위원회의 의결에 대하여는 그 인사위원회, 제2인사위원회의 의결에 대하여는 제1인사위원회)에 심사 또는 재심사를 청구할 수 있다. 이 경우 소속 공무원을

대리인으로 지정할 수 있다. 〈개정 2010. 3. 22., 2021. 10. 8.〉

[전문개정 2008. 12. 31.]

[제목개정 2010. 3. 22.]

제73조(징계의 관리) ① 감사원에서 조사 중인 사건이나 각 행정기관에서 대통령령으로 정하는 바에 따라 조사 중인 사건에 대하여는 제3항에 따른 조사개시 통보를 받은 날부터 징계의결 요구나 그 밖의 징계절차를 진행하지 못한다. 〈개정 2010. 3. 22.〉

② 검찰·경찰, 그 밖의 수사기관에서 수사 중인 사건에 대하여는 제3항에 따른 수사개시 통보를 받은 날부터 징계의결 요구나 그 밖의 징계절차를 진행하지 아니할 수 있다.

③ 감사원과 검찰·경찰, 그 밖의 수사기관 및 제1항에 따른 행정기관은 조사나 수사를 시작하였을 때와 마쳤을 때에는 10일 이내에 소속 기관의 장에게 해당 사실을 알려야 한다. 〈개정 2010. 3. 22.〉

④ 제3항에 따른 조사 또는 수사 종료의 통보를 받은 소속 기관의 장은 징계의결의 요구나 그 밖의 징계절차를 위하여 감사원 또는 검찰·경찰, 그 밖의 수사기관에 대통령령으로 정하는 조사·수사 자료를 징계절차에 필요한 범위에서 요청할 수 있다. 이 경우 요청을 받은 감사원 또는 검찰·경찰, 그 밖의 수사기관은 특별한 사유가 없으면 이에 협조하여야 한다. 〈신설 2024. 12. 31.〉

[전문개정 2008. 12. 31.]

제73조의2(징계 및 징계부가금 부과 사유의 시효) ① 징계의결등의 요구는 징계 등 사유가 발생한 날부터 다음 각 호의 구분에 따른

기간이 지나면 하지 못한다. 〈개정 2021. 6. 8.〉

1. 징계 등 사유가 다음 각 목의 어느 하나에 해당하는 경우: 10년

가. 「성매매알선 등 행위의 처벌에 관한 법률」 제4조에 따른 금지행위

나. 「성폭력범죄의 처벌 등에 관한 특례법」 제2조에 따른 성폭력범죄

다. 「아동·청소년의 성보호에 관한 법률」 제2조제2호에 따른 아동·청소년대상 성범죄

라. 「양성평등기본법」 제3조제2호에 따른 성희롱

2. 징계 등 사유가 제69조의2제1항 각 호의 어느 하나에 해당하는 경우: 5년

3. 그 밖의 징계 등 사유에 해당하는 경우: 3년

② 제73조제1항 및 제2항에 따라 징계절차를 진행하지 못하여 제1항의 기간이 지나거나 그 남은 기간이 1개월 미만인 경우에는 제1항의 기간은 제73조제3항에 따른 조사나 수사의 종료 통보를 받은 날(조사 결과에 대하여 이의가 제기된 경우에는 이의를 제기한 사람이 이의에 대한 결정을 통보받은 날을 말한다)부터 1개월이 지난 날에 끝나는 것으로 본다. 〈개정 2010. 3. 22.〉

③ 인사위원회의 구성, 징계의결등, 그 밖의 절차상의 흠이나 징계양정 및 징계부가금의 과다를 이유로 심사위원회 또는 법원에서 징계처분등의 무효 또는 취소의 결정이나 판결을 한 경우에는 제1항의 기간이 지나거나 그 남은 기간이 3개월 미만이더라도 그 결정 또는 판결이 확정된 날부터 3개월 이내에는 다시 징계의결등을 요

구할 수 있다. 〈개정 2010. 3. 22.〉

[전문개정 2008. 12. 31.]

[제목개정 2010. 3. 22.]

제73조의3(특수경력직공무원의 징계) 다른 법률에 특별한 규정이 있는 경우 외에는 대통령령으로 정하는 바에 따라 특수경력직공무원에 대하여도 이 장의 규정을 준용할 수 있다.

[전문개정 2008. 12. 31.]

제10장 능률 〈개정 2008. 12. 31.〉

제74조(훈련) ① 모든 공무원과 시보공무원이 될 사람은 담당 직무와 관련된 학식·기술 및 응용 능력을 배양하기 위하여 법령에서 정하는 바에 따라 훈련을 받아야 한다.

② 교육부장관 또는 행정안전부장관은 공무원 훈련에 관한 종합적인 기획·조정 및 감독을 한다. 〈개정 2013. 3. 23., 2014. 11. 19., 2017. 7. 26.〉

③ 지방자치단체의 장, 지방의회의 의장 및 감독 직위에 있는 공무원은 일상 업무를 통하여 계속적으로 부하직원을 훈련시킬 책임을 진다. 〈개정 2021. 10. 8.〉

④ 훈련성적은 인사관리에 반영하여야 한다.

[전문개정 2008. 12. 31.]

제75조(훈련기관) 교육부, 행정안전부와 지방자치단체에 공무원의 훈련기관을 둘 수 있다. 〈개정 2013. 3. 23., 2014. 11. 19., 2017. 7. 26.〉

[전문개정 2008. 12. 31.]

제75조의2(적극행정의 장려) ① 지방자치단체의 장은 소속 공무원의 적극행정(공무원이 불합리한 규제의 개선 등 공공의 이익을 위해 업무를 적극적으로 처리하는 행위를 말한다. 이하 이 조에서 같다)을 장려하기 위하여 조례로 정하는 바에 따라 계획을 수립·시행할 수 있다. 이 경우 대통령령으로 정하는 인사상 우대 및 교육의 실시 등의 사항을 포함하여야 한다.

② 적극행정 추진에 관한 다음 각 호의 사항을 심의하기 위하여 지방자치단체의 장 소속으로 적극행정위원회를 둔다. 다만, 적극행정위원회를 두기 어려운 경우에는 인사위원회(시·도에 복수의 인사위원회를 두는 경우 제1인사위원회를 말한다)가 적극행정위원회의 기능을 대신할 수 있다.

1. 제1항에 따른 계획 수립에 관한 사항

2. 공무원이 불합리한 규제의 개선 등 공공의 이익을 위해 업무를 적극적으로 추진하기 위하여 해당 업무의 처리 기준, 절차, 방법 등에 관한 의견 제시를 요청한 사항

3. 그 밖에 적극행정 추진을 위하여 필요하다고 대통령령으로 정하는 사항

③ 공무원이 적극행정을 추진한 결과에 대하여 해당 공무원의 행위에 고의 또는 중대한 과실이 없다고 인정되는 경우에는 대통령령으로 정하는 바에 따라 징계의결등을 하지 아니한다.

④ 교육부장관 또는 행정안전부장관은 공직사회의 적극행정 문화 조성을 위하여 필요한 사업을 발굴하고 추진할 수 있다.

⑤ 적극행정위원회의 구성·운영 및 적극행정을 한 공무원에 대한 인사상 우대 등 적극행정을 장려하기 위하여 필요한 사항은 대통령령으로 정한다.

[본조신설 2021. 6. 8.]

第76조(근무성적의 평정) ① 임용권자는 정기 또는 수시로 소속 공무원의 근무성적을 객관적이고 엄정하게 평정하여 인사관리에 반영하여야 한다.

② 제1항에 따른 근무성적 평정결과 근무성적이 우수한 사람에 대하여는 상여금을 지급하거나 특별승급시킬 수 있다.

③ 제1항의 근무성적 평정에 관한 사항은 대통령령으로 정한다.

[전문개정 2008. 12. 31.]

第77조(능률 증진을 위한 사항) ①지방자치단체의 장과 지방의회의 의장은 소속 공무원의 근무 능률을 높이기 위하여 보건·휴양·안전·후생, 그 밖에 필요한 사항에 대한 기준을 설정하고, 이를 실시하여야 한다. 이 경우 지방자치단체의 장과 지방의회의 의장은 상호간에 협의하여 통합하여 운영할 수 있다. 〈개정 2015. 5. 18., 2021. 10. 8.〉

② 지방자치단체의 장과 지방의회의 의장은 소속 장애인 공무원의 원활한 직무수행을 위하여 「장애인고용촉진 및 직업재활법」 제19조의2에 따른 근로지원인 서비스의 제공(중증장애인 공무원에 대한 것으로 한정한다) 또는 같은 법 제21조제1항제2호에 따른 작업 보조 공학기기 또는 장비 등의 제공 등에 필요한 지원을 할 수 있다. 〈개정 2021. 7. 20., 2021. 10. 8.〉

③ 지방자치단체의 장과 지방의회의 의장은 제2항에 따른 업무의 일부를 조례로 정하는 바에 따라 전문기관을 지정하여 수행하게 할 수 있고, 그 지원업무 수행에 필요한 경비의 전부 또는 일부를 출연하거나 보조할 수 있다. 〈신설 2015. 5. 18., 2021. 10. 8.〉

④ 제2항에 따른 지원의 세부내용, 방법, 절차 등과 제3항에 따른 위탁에 필요한 사항은 조례로 정한다. 〈신설 2015. 5. 18.〉

[전문개정 2008. 12. 31.]

제78조(제안제도) ① 행정운영의 능률화와 경제화를 위한 공무원의 창의적인 의견이나 고안을 계발하고 이를 채택하여 행정운영 개선에 반영하기 위하여 제안제도를 둔다.

② 제안이 채택되고 시행되어 국가 또는 지방자치단체 예산을 절약하는 등 행정운영 발전에 뚜렷한 실적이 있는 사람에게는 상여금을 지급할 수 있으며 특별승진 또는 특별승급시킬 수 있다.

③ 제2항에 따른 상여금, 특별승진 또는 특별승급에 관하여는 대통령령으로 정하고, 그 밖에 제안제도의 운영에 필요한 사항은 규칙으로 정한다.

[전문개정 2008. 12. 31.]

제79조(표창) 지방자치단체의 장과 지방의회의 의장은 공무원으로서 직무에 특히 성실하거나 사회에 공헌한 공적이 뚜렷한 사람에게는 조례로 정하는 바에 따라 표창을 행한다. 〈개정 2021. 10. 8.〉

[전문개정 2008. 12. 31.]

제11장 보칙 〈개정 2008. 12. 31.〉

제80조(국가공무원과의 교류) ① 이 법에 따라 임용된 공무원은 그 직에 상응한 국가공무원에 임용될 수 있다.

② 제1항에 따라 공무원을 국가공무원으로 임용하려면 「국가공무원법」에 따른 경력경쟁채용시험을 거쳐야 한다. 다만, 제32조제3항에 따라 신규임용 및 승진시험을 거친 5급 이상 공무원에 대하여는 이를 면제한다. 〈개정 2011. 5. 23.〉

③ 공무원이 국가공무원에 임용될 경우 경력계산을 할 때 공무원으로 재직한 기간은 국가공무원으로 재직한 기간으로 본다.

[전문개정 2008. 12. 31.]

제81조(지방자치단체의 인사행정에 관한 지도·감독) 교육부장관 또는 행정안전부장관은 시·도의 인사행정이 이 법에 따라 운영되도록 지도·감독하고, 시·도지사는 해당 시·도의 관할 구역 시·군·구의 인사행정이 이 법에 따라 운영되도록 지도·감독한다. 〈개정 2013. 3. 23., 2014. 11. 19., 2017. 7. 26.〉

[전문개정 2008. 12. 31.]

제81조의2(수수료) ① 제27조에 따라 공무원 신규임용시험에 응시하려는 사람은 대통령령으로 정하는 바에 따라 수수료를 내야 한다. 이 경우 수수료 금액은 실비의 범위에서 정하여야 한다.

② 수수료를 과오납한 경우 등 대통령령으로 정하는 경우에는 제1항에 따라 납부한 수수료를 반환받을 수 있다.

③ 시험실시기관의 장은 제1항에도 불구하고 「국민기초생활 보장법」에 따른 수급자 등 대통령령으로 정하는 사람에 대하여는 수수료를 감면할 수 있다.

[본조신설 2015. 5. 18.]

제12장 벌칙 〈개정 2008. 12. 31.〉

제82조(정치 운동죄) ① 제57조를 위반한 자는 3년 이하의 징역과 3년 이하의 자격정지에 처한다.

② 제1항에 규정된 죄에 대한 공소시효의 기간은 「형사소송법」 제249조제1항에도 불구하고 10년으로 한다.

[본조신설 2014. 1. 14.]

[종전 제82조는 제83조로 이동 〈2014. 1. 14.〉]

제83조(벌칙) 제42조·제43조 또는 제58조를 위반한 자는 다른 법률에 특별히 규정된 경우 외에는 1년 이하의 징역 또는 1천만원 이하의 벌금에 처한다. 〈개정 2010. 3. 22., 2014. 1. 14., 2014. 10. 15.〉

[전문개정 2008. 12. 31.]

[제82조에서 이동 〈2014. 1. 14.〉]

부칙 〈제1427호, 1963. 11. 1.〉

제1조 (시행기일) 이 법은 공포후 30일을 경과한 날로부터 시행한다.

제2조 (이 법 시행당시의 공무원) 이 법 시행당시의 공무원은 이 법에 의하여 임명된 것으로 본다.

제3조 (경과조치) 이 법 시행당시의 공무원에 대한 이 법의 적용에 관한 경과적 특례는 각령으로 정한다.

제4조 (동전) 이 법 시행당시 지방공무원령의 규정에 의하여 항고심사중인 사건은 종전의 규정에 의하여 이를 처리한다.

제5조 (동전) 군사원호대상자임용법의 적용을 받는 자로서 1963년 3월 1일부터 이 법 시행일까지의 사이에 각종의 채용시험에 있어서 불공평한 취급을 받았다고 인정하거나 부당하게 감원된 때에는 이 법 시행일로부터 90일 이내에 이 법에 의한 소청심사위원회에 그 심사를 청구할 수 있다.

부칙 〈제1550호, 1963. 12. 16.〉

이 법은 1962년 12월 26일에 공포된 개정헌법의 시행일부터 시행한다.

부칙 〈제1794호, 1966. 4. 30.〉

①(시행일) 이 법은 공포후 30일이 경과한 날로부터 시행한다.

②(경과조치) 이 법은 시행당시 정직 또는 근신의 처분을 받은 자의 정직 또는 근신의 효력은 종전의 규정에 의한다.

③(동전) 이 법 시행당시 소청심사위원회 및 인사위원회에서 심사중인 사건은 종전의 규정에 의한다.

④(동전) 이 법 시행당시 제28조의 규정에 의하여 6월 이상의 기간조건부로 임용중에 있는 공무원은 이 법 시행과 동시에 조건부임용기간이 만료된 것으로 보며 3급공무원의 6월이 경과한 조건부임용기간은 이를 시보임용기간에 산입한다.

부칙 〈제1889호, 1967. 2. 28.〉

①(시행일) 이 법은 공포한 날로부터 시행한다.

②(경과조치) 이 법 시행당시 이미 시험요구중에 있는 3급 이상 공무원의 특별임용시험은 종전의 예에 의한다.

부칙 〈제2058호, 1968. 12. 23.〉

이 법은 공포한 날로부터 시행한다.

부칙 〈제2381호, 1972. 12. 26.〉

①(시행일) 이 법은 공포한 날로부터 시행한다.

②(경과조치) 제3조의2의 규정에 의한 법률이 제정될 때까지는 그 법률로써 정할 사항은 이 법 및 경찰공무원의 규정에 준하여 대통령령으로 정한다.

부칙 〈제2594호, 1973. 3. 12.〉

제1조 (시행일) 이 법은 1973년 4월 1일부터 시행한다.

제2조 (경력에 대한 특례) 이 법 시행당시 종전의 법령에 의하여 제27조제2항제3호의 규정에 관한 특례가 인정된 자는 종전의 법령의 규정에 의한다.

제3조 (조건부 임용중의 4급이하 공무원) 이 법 시행당시 조건부임용중에 있는 4급이하 공무원에 대하여는 조건부임용을 이 법에 의한 시보임용으로 보며, 그 기간은 6월로 한다.

제4조 (조건부 또는 시보임용중의 3급공무원) ①이 법 시행당시 조

건부 또는 시보임용중에 있는 3급공무원은 이 법에 의한 시보임용으로 보며 그 기간은 1년으로 하되 1년이 경과된 자는 이 법 시행일에 정규공무원으로 임용된 것으로 본다.

②이 법 시행당시 시보임용중에 있는 3급공무원은 전항의 규정에 의하여 시보공무원이 된 경우에도 이 법 제28조제3항의 규정을 적용받지 아니한다.

제5조 (기한부 공무원) 이 법 시행당시 기한부로 임용되어 있는 공무원에 대하여는 종전의 규정을 적용한다.

제6조 (잡급직원의 임용) 이 법 시행당시 시험실시기관에서 특별임용시험이 진행중인 잡급직원에 대하여는 이 법 제41조의2제2항의 규정을 적용받지 아니한다.

제7조 (노조전임공무원의 허가) 이 법 시행당시 노동조합업무에 전임하고 있는 공무원에 대하여는 이 법 시행일로부터 1월이내에 이 법 제58조제3항의 규정에 의하여 소속지방자치단체의 장의 허가를 받아야 한다.

제8조 (직위해제중의 공무원) 이 법 시행당시 제65조의2제1항제1호 및 제4호의 규정에 의하여 직위해제된 자는 종전의 규정에 의하되, 이 법 시행일로부터 6월이 경과하여도 직위를 부여받지 못할 경우에는 6월이 경과된 날에 당연퇴직된다.

부칙 〈제2892호, 1976. 4. 1.〉

이 법은 공포한 날로부터 시행한다.

부칙 〈제3152호, 1978. 12. 6.〉

제1조 (시행일) 이 법은 1979년 1월 1일부터 시행한다.

제2조 (시보임용중인 4·5급공무원 및 기능직공무원에 대한 경과조치) 이 법 시행당시 시보임용중에 있는 4·5급공무원과 기능직공무원은 이 법에 의한 시보임용으로 보며, 그 기간은 6월로 하되 6월이 경과된 자는 이 법 시행일에 정규공무원으로 임용된 것으로 본다.

제3조 (장기교육훈련중에 있는 공무원의 정원에 관한 경과조치) 이 법 시행당시 장기교육훈련중에 있는 공무원에 대하여는 제41조제2항의 규정을 적용하지 아니한다.

제4조 (임용후보자명부에 관한 경과조치) 이 법 시행당시의 임용후보자명부의 유효기간은 이 법에 의한다.

부칙 〈제3448호, 1981. 4. 20.〉

제1조 (시행일) 이 법은 공포후 40일이 경과한 날로부터 시행한다. 다만, 제2조제3항제3호의 규정은 공포후 6월이 경과한 날로부터 시행한다.

제2조 (일반직공무원의 계급구분등에 대한 경과조치) ①이 법 시행당시 다음 표의 좌란에 게기된 계급에 재직중인 1급 내지 5급을류의 일반직공무원은 각각 이 법 시행일에 같은 표의 우란에 게기된 계급으로 임용된 것으로 보며, 이 법 시행당시 재직중인 기능직공무원은 이 법 시행일에 이 법에 의한 기능직공무원으로 임용된 것으로 본다.

1급	1급
2급갑류	2급
2급을류	3급
3급갑류	4급
3급을류	5급
4급갑류	6급
4급을류	7급
5급갑류	8급
5급을류	9급

②이 법 시행당시 각급 임용시험에 합격한 공무원임용후보자는 각각 이 법에 의하여 제1항의 표의 좌란에 게기된 계급에 상응하는 우란에 게기된 계급의 임용시험에 합격한 것으로 본다.

제3조 (별정직공무원의 계급구분등에 대한 경과조치) ①이 법 시행당시 재직중인 일반직 1급 내지 5급을류상당 별정직공무원은 각각 이 법 시행일에 부칙 제2조제1항의 표에 그에 상응하는 계급에 상당하는 별정직공무원으로 임용된 것으로 본다.

②이 법 시행당시 재직중인 단순한 노무에 종사하는 공무원은 이 법 시행일에 이 법에 의한 고용직공무원으로 임용된 것으로 본다.

제4조 (지방전문직원 및 지방잡급직원에 대한 경과조치) 이 법 시행당시 재직중인 지방전문직원은 대통령령이 정하는 바에 따라 이 법 부칙 제1조 단서에 규정된 시행일에 지방전문직공무원으로 임용된 것으로 보며, 지방잡급직원은 1981년 12월 31일까지 종전의 규정에 의하여 재직할 수 있다.

제5조 (징계처분 및 직위해제중인 공무원에 대한 경과조치) 이 법 시행당시 징계처분중에 있는 자와 종전의 제65조의2제1항제1호 또는 제4호의 규정에 의하여 직위해제된 자에 대하여는 종전의 규정을 적용한다.

제6조 (보직등에 대한 경과조치) 이 법 시행당시의 지방자치단체의 조직에 관한 법령 및 조례·규칙중 이 법 부칙 제2조제1항의 표의 좌란에 게기된 직위의 계급 또는 계급상당의 보직은 같은 표의 그에 상응하는 우란의 계급 또는 계급상당의 보직으로 본다.

부칙 〈제3585호, 1982. 12. 28.〉

①(시행일) 이 법은 공포한 날로부터 시행한다.

②(형사사건으로 약식명령이 청구된 자에 대한 경과조치) 이 법 시행당시 형사사건으로 약식명령이 청구된 자에 대하여도 제65조의2제1항제3호의 개정규정을 적용한다.

③(심사청구중에 있는 징계사건에 관한 경과조치) 이 법 시행당시 소청심사위원회에 심사청구중에 있는 징계사건에 관하여는 제72조제3항의 개정규정에 불구하고 종전의 규정에 의한다.

부칙 〈제3877호, 1986. 12. 31.〉

①(시행일) 이 법은 1987년 1월 1일부터 시행한다.

②(정년의 연장을 받은 자에 대한 적용예) 제66조제1항의 개정규정은 이 법 시행전에 종전의 규정에 의하여 정년의 연장을 받은 자에 대하여도 이를 적용한다.

부칙 〈제4268호, 1990. 12. 27.〉 (정부조직법)

제1조 (시행일) 이 법은 공포한 날부터 시행한다. 〈단서 생략〉

제2조 생략

제3조 생략

제4조 (문교부의 명칭변경에 따른 다른 법률의 개정) ①및 ②생략

③지방공무원법중 다음과 같이 개정한다.

제12조, 제13조, 제14조제2항, 제27조제2항제8호, 제30조제2항, 제30조의2제1항, 제39조의2제2항, 제63조제2항제3호, 제74조제2항 및 제81조중 "문교부장관"을 각각 "교육부장관"으로 한다.

제75조제1항중 "문교부"를 "교육부"로 한다.

④내지 ㊿생략

제5조 내지 제10조 생략

부칙 〈제4370호, 1991. 5. 31.〉

제1조 (시행일) 이 법은 공포한 날부터 시행한다.

제2조 (소청심사위원회 위원에 대한 경과조치) 이 법 시행당시의 소청심사위원회의 위원은 이 법에 의하여 임명 또는 위촉된 것으로 본다.

제3조 (계류중인 소청사건에 대한 경과조치) 이 법 시행당시 소청심사위원회에 계류중인 사건에 대하여는 종전의 규정에 의한다.

제4조 (진행중인 임용시험에 대한 경과조치) 이 법 시행당시 진행중인 임용시험에 대하여는 종전의 규정에 의한다.

제5조 (강임된 공무원에 대한 경과조치) 이 법 시행전에 본인의 동

의에 의하여 강임된 공무원에 대한 우선임용에 관하여는 제65조의3 제2항 단서의 개정규정에 불구하고 종전의 규정에 의한다.
제6조 (정년연장에 대한 경과조치) 이 법 시행당시 재직중인 6급이하 공무원의 정년을 연장함에 있어서는 제66조제4항의 개정규정에 불구하고 1991년이 정년인 자의 경우에는 정년퇴직일부터 1년의 범위안에서, 1992년이 정년인 자의 경우에는 정년퇴직일부터 2년의 범위안에서 각각 이를 연장할 수 있다.
제7조 (징계사유의 시효에 대한 경과조치) 이 법 시행전에 징계사유가 발생한 자에 대한 징계의결의 요구에 대하여는 제73조의2제1항의 개정규정에 불구하고 종전의 규정에 의한다.
제8조 (임용권자의 변경에 따른 경과조치) 이 법 시행당시 종전의 규정에 의한 임용권자가 행한 임용 기타 행위와 임용권자에 대한 행위는 그에 해당하는 이 법에 의한 임용권자가 행한 행위 또는 그에 대한 행위로 본다.

부칙 〈제4418호, 1991. 12. 14.〉
이 법은 공포한 날부터 시행한다.

부칙 〈제4613호, 1993. 12. 27.〉
이 법은 공포후 30일이 경과한 날부터 시행한다.

부칙 〈제4797호, 1994. 12. 22.〉
①(시행일) 이 법은 1995년 1월 1일부터 시행한다. 다만, 제7조

제2항의 개정규정은 1995년 7월 1일부터 시행하고, 제38조·제39조의2 및 제39조의3의 개정규정은 1996년 1월 1일부터 시행한다.

②(5급이상 공무원의 소청심사관할 이관에 관한 경과조치) 이 법 시행당시 국가공무원법에 의하여 설치된 소청심사위원회에서 접수·진행중인 5급이상 공무원의 소청사건에 대하여는 제13조의 개정규정에 불구하고 종전의 규정에 의한다.

③(직위해제중인 공무원에 관한 경과조치) 이 법 시행당시 형사사건으로 기소되어 직위해제된 자에 대하여는 제65조의2제1항 단서의 개정규정의 시행일부터 1월이내에 재심사하여 직위해제를 계속할 필요가 없다고 인정되는 자에 대하여는 지체없이 직위를 부여하여야 한다.

부칙 〈제4871호, 1995. 1. 5.〉 (지방공무원교육훈련법)

제1조 (시행일) 이 법은 1995년 4월 1일부터 시행한다.

제2조 생략

제3조 (다른 법률의 개정) ①생략

②지방공무원법중 다음과 같이 개정한다.

제75조제2항을 삭제한다.

부칙 〈제5069호, 1995. 12. 29.〉 (교육법)

제1조 (시행일) 이 법은 1996년 3월 1일부터 시행한다.

제2조 생략

제3조 (다른 법률의 개정등) ①지방공무원법중 다음과 같이 개정한다.

제7조제3항제2호중 "국민학교"를 "초등학교"로 한다.

②내지 ⑮생략

제4조 생략

부칙 〈제5207호, 1996. 12. 30.〉 (교육공무원법)

①(시행일) 이 법은 1997년 1월 1일부터 시행한다.

② 및 ③생략

④(다른 법률의 개정) 지방공무원법중 다음과 같이 개정한다.

제2조제2항제2호중 "지방소방공무원"을 "공립의 대학 및 전문대학에 근무하는 교육공무원 및 지방소방공무원"으로 한다.

부칙 〈제5426호, 1997. 12. 13.〉

이 법은 공포한 날부터 시행한다. 다만, 제30조의4 및 제46조의3의 개정규정은 1998년 1월 1일부터 시행하고, 제14조의 개정규정은 1998년 4월 1일부터 시행한다.

부칙 〈제5568호, 1998. 9. 19.〉

제1조 (시행일) 이 법은 공포한 날부터 시행한다.

제2조 (공무원 구분의 변경에 따른 경과조치) 이 법 시행당시 종전의 제2조제3항제3호의 규정에 의한 전문직공무원은 이 법에 의한 계약직공무원으로 본다.

제3조 (정년에 관한 경과조치) ①이 법 시행당시 재직중인 공무원중 종전의 제66조제1항·제2항 및 제5항의 규정에 의한 정년퇴직일이

1998년 12월 31일인 자와 1999년 6월 30일인 자는 각각 해당 일자에, 1999년 12월 31일인 자는 1999년 6월 30일에, 2000년 6월 30일인 자는 1999년 9월 30일에 각각 당연퇴직된다.

②이 법 시행당시 종전의 제66조제4항 및 관계법령의 규정에 의하여 정년을 연장받아 재직중인 자의 정년연장기간은 1998년 12월 31일에 종료된다.

③이 법 시행당시 제4조제2항 및 제3항의 규정에 의하여 계급구분을 달리하는 일반직공무원과 기능직공무원의 정년이 제66조제1항제2호 및 제3호의 개정규정의 정년보다 낮게 정하여진 경우에는 그 공무원의 정년을 높게 변경할 수 없다.

제4조 (명예퇴직수당에 관한 경과조치) 2000년 6월 30일이전에 자진하여 정년전에 퇴직하는 공무원의 명예퇴직수당의 지급대상 및 지급액에 관하여는 제66조제1항의 개정규정에 불구하고 종전의 정년을 적용한다.

제5조 (징계의결관할 이관에 관한 경과조치) 이 법 시행당시 종전의 제72조제2항의 규정에 의하여 시·도 인사위원회에서 접수·진행중인 시·군·구 소속공무원의 징계사건에 관하여는 동조동항의 개정규정에 불구하고 종전의 규정에 의한다.

제6조 (다른 법령과의 관계) 이 법 시행당시 다른 법령에서 지방공무원법의 전문직공무원을 인용한 경우에는 계약직공무원을 인용한 것으로 본다.

부칙 〈제6088호, 1999. 12. 31.〉

이 법은 공포한 날부터 시행한다.

부칙 〈제6322호, 2000. 12. 29.〉

①(시행일) 이 법은 공포한 날부터 시행하되, 제7조제2항 및 제29조의4의 개정규정은 공포후 6월이 경과한 날부터 시행한다.

②(위촉위원의 결격사유 변경에 따른 경과조치) 이 법 시행당시 인사위원회 위원으로 위촉된 위원은 제7조제4항의 개정규정에 불구하고 그 임기가 만료될 때까지는 이 법에 의하여 위촉된 것으로 본다.

부칙 〈제6400호, 2001. 1. 29.〉 (정부조직법)

제1조 (시행일) 이 법은 공포한 날부터 시행한다. 〈단서 생략〉

제2조 생략

제3조 (다른 법률의 개정) ①내지 〈54〉생략

〈55〉지방공무원법중 다음과 같이 개정한다.

제27조제2항제8호, 제30조제2항, 제30조의2제1항, 제63조제2항제3호, 제74조제2항 및 제81조중 "행정자치부장관 또는 교육부장관"을 각각 "교육인적자원부장관 또는 행정자치부장관"으로 한다.

제30조의2제1항중 "행정자치부 또는 교육부"를 각각 "교육인적자원부 또는 행정자치부"로 한다.

제30조의2제3항중 "행정자치부령 · 교육부령"을 "교육인적자원부령 · 행정자치부령"으로 한다.

제75조제1항중 "행정자치부 · 교육부"를 "교육인적자원부 행정자치부"로 한다.

〈56〉내지 〈79〉생략

제4조 생략

부칙 〈제6786호, 2002. 12. 18.〉

①(시행일) 이 법은 공포한 날부터 시행한다. 다만, 제3조, 제6조의2, 제25조의2, 제27조제3항, 제35조제1항, 제63조제2항제1호 및 제3항, 제64조제2호, 제66조의2제3항 및 제4항의 개정규정은 2003년 1월 1일부터 시행한다.

②(명예퇴직수당의 환수에 관한 적용례) 제66조의2제3항의 개정규정에 의한 명예퇴직수당의 환수는 동항제1호 및 제3호의 경우에는 2003년 1월 1일 이후 명예퇴직수당을 지급받은 자부터 적용하고, 동항제2호의 경우에는 2003년 1월 1일 이후 대통령령이 정하는 환수대상 공무원으로 재임용된 자부터 적용한다.

부칙 〈제7360호, 2005. 1. 27.〉

제1조 (시행일) 이 법은 공포한 날부터 시행한다. 다만, 제7조제2항 및 제3항의 개정규정은 공포후 6월이 경과한 날부터 시행한다.

제2조 (위촉위원의 자격요건 등의 변경에 따른 경과조치) 이 법 시행당시 인사위원회 위원으로 위촉된 위원은 제7조제3항의 개정규정에 불구하고 그 임기가 만료될 때까지는 이 법에 의하여 위촉된 것으로 본다.

제3조 (다른 법률의 개정) ①교육공무원법중 다음과 같이 개정한다.

제46조중 "지방공무원법 제65조의3제2항"을 "지방공무원법 제65

조의4제2항"으로 한다.

제57조제3항중 "동법 제65조의3제1항"을 "동법 제65조의4제1항"으로 한다.

②소방공무원법중 다음과 같이 개정한다.

제28조제2항제3호중 "제65조의3제2항"을 "제65조의4제2항"으로 한다

제4조 (다른 법령과의 관계) 이 법 시행 당시 다른 법령에서 종전의 제65조의2 또는 제65조의3의 규정을 인용하고 있는 경우에는 이 법 제65조의3 또는 제65조의4의 규정을 인용한 것으로 본다.

부칙 〈제7380호, 2005. 1. 27.〉 (공무원의노동조합설립및운영등에관한법률)

제1조 (시행일) 이 법은 공포후 1년이 경과한 날부터 시행한다.

제2조 (다른 법률의 개정) ①생략

②지방공무원법중 다음과 같이 개정한다.

제41조제1항중 "제63조제1항제3호 · 제5호"를 "제63조제1항제3호 · 제5호 · 제6호"로 한다.

제63조제1항에 제6호를 다음과 같이 신설한다.

6. 공무원의노동조합설립및운영등에관한법률 제7조의 규정에 따라 노동조합 전임자로 종사하게 된 때

제64조에 제9호를 다음과 같이 신설한다.

9. 제63조제1항제6호의 규정에 의한 휴직기간은 그 전임기간으로 한다.

③생략

부칙 〈제7428호, 2005. 3. 31.〉 (채무자 회생 및 파산에 관한 법률)

제1조 (시행일) 이 법은 공포 후 1년이 경과한 날부터 시행한다.

제2조 내지 제4조 생략

제5조 (다른 법률의 개정) ①내지 〈111〉생략

〈112〉지방공무원법 일부를 다음과 같이 개정한다.

제31조제2호중 "파산자"를 "파산선고를 받은 자"로 한다.

〈113〉내지 〈145〉생략

제6조 생략

부칙 〈제7849호, 2006. 2. 21.〉 (제주특별자치도 설치 및 국제자유도시 조성을 위한 특별법)

제1조 (시행일) 이 법은 2006년 7월 1일부터 시행한다. 〈단서 생략〉

제2조 내지 제39조 생략

제40조 (다른 법령의 개정) ①내지 ㉖생략

㉗지방공무원법 일부를 다음과 같이 개정한다.

제2조제2항제2호 중 "교육공무원 및 지방소방공무원"을 "교육공무원, 자치경찰공무원 및 지방소방공무원"으로 한다.

㉘내지 ㊼생략

제41조 생략

부칙 〈제8396호, 2007. 4. 27.〉

①(시행일) 이 법은 공포한 날부터 시행한다. 다만, 제29조의5의 개정규정은 공포 후 6개월이 경과한 날부터 시행하고, 제63조제2항제4호 및 제64조제7호의 개정규정은 2008년 1월 1일부터 시행한다.

②(인사위원회 위원의 임기변경에 따른 경과조치) 이 법 시행 전 인사위원회 위원으로 위촉된 자의 임기는 종전의 규정에 따른다.

부칙 〈제8423호, 2007. 5. 11.〉 (지방자치법)

제1조 (시행일) 이 법은 공포한 날부터 시행한다. 〈단서 생략〉

제2조 부터 제11조까지 생략

제12조 (다른 법률의 개정) ①부터 ⑯까지 생략

⑰지방공무원법 일부를 다음과 같이 개정한다.

제9조제2항 중 "지방자치법 제101조제6항"을 "「지방자치법」 제110조제6항"으로 한다.

⑱부터 ㉗까지 생략

제13조 생략

부칙 〈제8852호, 2008. 2. 29.〉 (정부조직법)

제1조(시행일) 이 법은 공포한 날부터 시행한다. 다만, ···〈생략〉···, 부칙 제6조에 따라 개정되는 법률 중 이 법의 시행 전에 공포되었으나 시행일이 도래하지 아니한 법률을 개정한 부분은 각각 해당 법률의 시행일부터 시행한다.

제2조 부터 제5조까지 생략

제6조 (다른 법률의 개정) ① 부터 〈223〉 까지 생략

〈224〉 지방공무원법 일부를 다음과 같이 개정한다.

제6조의2제1항 중 “행정자치부장관”을 “행정안전부장관”으로 한다.

제27조제2항제8호, 제30조제2항, 제30조의2제1항, 제63조제2항제3호, 제74조제2항 및 제81조 중 “교육인적자원부장관 또는 행정자치부장관”을 각각 “교육과학기술부장관 또는 행정안전부장관”으로 한다.

제30조의2제1항 중 “교육인적자원부 또는 행정자치부”를 각각 “교육과학기술부 또는 행정안전부”로 하고, 같은 조 제3항 중 “교육인적자원부령 · 행정자치부령”을 각각 “교육과학기술부령 · 행정안전부령”으로 한다.

제75조제1항 중 “교육인적자원부 · 행정자치부”를 각각 “교육과학기술부 · 행정안전부”로 한다.

〈225〉 부터 〈760〉 까지 생략

제7조 생략

부칙 〈제9301호, 2008. 12. 31.〉

제1조(시행일) 이 법은 공포한 날부터 시행한다. 다만, 제66조의 개정규정은 2009년 1월 1일부터 시행하고, 제45조제3항의 개정규정은 공포 후 2개월이 경과한 날부터 시행하며, 제19조제4항, 제69조의2, 제70조, 제71조제1항 및 제73조의2제1항의 개정규정은 공포 후 3개월이 경과한 날부터 시행한다.

제2조(심사위원회의 결정에 관한 적용례) 제19조제1항의 개정규정은

이 법 시행 후 최초로 접수되는 소청사건부터 적용한다.

제3조(휴직 등으로 인한 결원 보충에 관한 적용례) 제41조제1항의 개정규정은 이 법 시행 후 최초로 휴직되는 경우부터 적용하되, 이 법 시행 당시 휴직 중인 경우에는 그 남은 기간이 6개월 이상인 경우에 적용한다.

제4조(보수 부정 수령자에 대한 가산징수에 관한 적용례) 제45조제3항의 개정규정은 이 법 시행 후 최초로 보수를 거짓이나 그 밖의 부정한 방법으로 수령하는 사람부터 적용한다.

제5조(징계종류의 변경에 관한 적용례) 제70조 및 제71조의 개정규정은 이 법 시행 후 최초로 징계사유가 발생하는 때부터 적용한다.

제6조(공무상 질병 또는 부상으로 인한 휴직기간의 확대에 관한 경과조치) 제64조제1호의 개정규정은 이 법 시행 전에 공무상 질병 또는 부상으로 휴직하였거나 이 법 시행 당시 휴직 중에 있는 공무원에게도 적용한다.

제7조(6급 이하 일반직공무원 등의 정년 연장에 관한 경과조치) 6급 이하 일반직공무원, 연구사, 지도사 및 기능직공무원의 정년은 제66조제1항의 개정규정에도 불구하고 2009년부터 2010년까지는 58세로, 2011년부터 2012년까지는 59세로, 2013년부터 60세로 한다. 다만, 기능직공무원 중 방호직렬은 2009년부터 2012년까지는 59세로, 2013년부터 60세로 한다.

제8조(가결정에 관한 경과조치) 이 법 시행 당시 종전의 규정에 따라 소청심사위원회가 행한 가결정은 제67조제4항의 개정규정에 따른 임시결정으로 본다.

제9조(징계시효 연장에 관한 경과조치) 이 법 시행 전에 징계사유가 발생한 자에 대하여는 제73조의2제1항의 개정규정에도 불구하고 종전의 규정에 따른다.

부칙 〈제9420호, 2009. 2. 6.〉

이 법은 공포한 날부터 시행한다.

부칙 〈제10147호, 2010. 3. 22.〉

제1조(시행일) 이 법은 공포한 날부터 시행한다.

제2조(임용결격 및 당연 퇴직에 관한 적용례) 제31조 및 제61조의 개정규정은 이 법 시행 후 발생한 범죄행위로 형벌을 받은 사람부터 적용한다.

제3조(징계부가금에 관한 적용례) 제69조의2의 개정규정은 이 법 시행 후 최초로 징계 사유가 발생한 경우부터 적용한다.

부칙 〈제10343호, 2010. 6. 8.〉

이 법은 공포 후 6개월이 경과한 날부터 시행한다.

부칙 〈제10700호, 2011. 5. 23.〉

제1조(시행일) 이 법은 공포 후 3개월이 경과한 날부터 시행한다. 다만, 제3조제1항, 제25조의2제2항, 제41조, 제63조제2항제4호, 제64조제8호 및 제65조의2의 개정규정은 공포한 날부터 시행하고, 제4조제1항의 개정규정은 공포 후 1년이 경과한 날부터 시행한다.

제2조(육아휴직자의 결원보충에 관한 적용례) 제41조제1항 단서의 개정규정은 부칙 제1조 단서에 따른 제41조제1항 단서의 개정규정 시행 당시 출산휴가 중인 사람에 대하여도 적용한다.

제3조(기능10급으로 재직 중인 공무원에 대한 경과조치) 부칙 제1조 단서에 따른 제4조제1항의 개정규정 시행 당시의 기능10급 공무원은 기능9급 공무원으로 부칙 제1조 단서에 따른 제4조제1항의 개정규정 시행일에 임용된 것으로 본다.

제4조(복수국적자의 임용분야 제한에 따른 경과조치) 부칙 제1조 단서에 따른 제25조의2제2항의 개정규정 시행 당시 제25조의2제2항의 개정규정에 따라 복수국적자가 임용될 수 없는 분야에 임용되어 재직 중인 복수국적자는 부칙 제1조의 단서에 따른 제25조의2제2항의 개정규정 시행 후 6개월 이내에 복수국적자를 임용할 수 있는 분야에 임용되거나 외국 국적을 포기하여야 한다.

제5조(진행 중인 시험에 관한 경과조치) 부칙 제1조 본문에 따른 제27조, 제32조제4항, 제35조제1항 및 제80조제2항의 개정규정 시행 당시 진행 중인 시험에 대하여는 종전의 규정에 따른다.

제6조(다른 법률의 개정) 제주특별자치도 설치 및 국제자유도시 조성을 위한 특별법 일부를 다음과 같이 개정한다.

제50조제3항 중 "제27조제3항 단서 · 제4항"을 "제27조제4항"으로 한다.

제7조(다른 법령과의 관계) 이 법 시행 당시 다른 법령에서 종전의 「지방공무원법」의 규정을 인용한 경우 이 법 중 그에 해당하는 규정이 있는 때에는 종전의 규정을 갈음하여 이 법의 해당 규정을 인용

한 것으로 본다.

부칙 〈제11396호, 2012. 3. 21.〉

제1조(시행일) 이 법은 공포 후 6개월이 경과한 날부터 시행한다. 다만, 제25조의4 및 제73조의2제1항의 개정규정은 공포 후 3개월이 경과한 날부터 시행한다.

제2조(징계시효 연장에 관한 경과조치) 이 법 시행 전에 징계사유가 발생한 사람에 대하여는 제73조의2제1항의 개정규정에도 불구하고 종전의 규정에 따른다.

제3조(다른 법률의 개정) ① 경제자유구역의 지정 및 운영에 관한 특별법 일부를 다음과 같이 개정한다.

제27조의4제3항 중 "「지방공무원법」 제7조제2항부터 제8항까지와 제8조 · 제9조 · 제9조의2 · 제10조"를 "「지방공무원법」 제7조제2항부터 제11항까지와 제8조 · 제9조 · 제9조의2 · 제10조 · 제10조의2 · 제10조의3"으로 한다.

② 제주특별자치도 설치 및 국제자유도시 조성을 위한 특별법 일부를 다음과 같이 개정한다.

제50조제2항 중 "「지방공무원법」 제7조제2항"을 "「지방공무원법」 제7조제11항"으로, "제39조(제4항 및 제6항을 제외한다)"를 "제39조(제4항 및 제7항은 제외한다)"로 하고, 같은 조 제3항 중 "「지방공무원법」 제7조제3항"을 "「지방공무원법」 제7조제5항"으로 하며, 같은 조 제8항제2호 중 "제6항"을 "제7항"으로 한다.

제127조제3항 전단 중 "제10조 및 제11조의 규정을"을 "제10조,

제10조의2, 제10조의3 및 제11조를"로 하고, 같은 항 후단 중 "제7조제3항"을 "제7조제5항"으로 한다.

③ 교육공무원법 일부를 다음과 같이 개정한다.

제57조제4항 중 "「지방공무원법」 제6조, 제7조부터 제9조까지, 제9조의2, 제10조"를 "「지방공무원법」 제6조, 제7조부터 제9조까지, 제9조의2, 제10조, 제10조의2, 제10조의3"으로 한다.

부칙 〈제11531호, 2012. 12. 11.〉

제1조(시행일) 이 법은 공포 후 1년이 경과한 날부터 시행한다. 다만, 제66조의2제3항부터 제5항까지의 개정규정은 공포 후 3개월이 경과한 날부터 시행하고, 제2조제2항제2호, 제46조제3항 및 제4항, 제71조제1항의 개정규정은 공포 후 6개월이 경과한 날부터 시행한다.

제2조(실비보상 등을 부정 수령한 사람에 대한 가산징수에 관한 적용례) 제46조제3항의 개정규정에 따른 가산징수는 같은 개정규정 시행 후 최초로 실비보상 등을 거짓이나 그 밖의 부정한 방법으로 수령하는 사람부터 적용한다.

제3조(명예퇴직수당의 환수에 관한 적용례) 제66조의2제3항제1호의2 및 제1호의3의 개정규정에 따른 명예퇴직수당의 환수는 같은 개정규정 시행 후 최초로 명예퇴직수당을 지급받는 사람부터 적용한다.

제4조(공무원의 구분 변경에 따른 경과조치) ① 이 법 시행 당시 재직 중인 기능직공무원은 이 법 시행일에 일반직공무원으로 임용된 것으로 본다. 이 경우 임용되는 직군, 직렬, 계급 및 직급 등에 관한 사항은 대통령령으로 정한다.

② 이 법 시행 당시 재직 중인 별정직공무원 중 이 법 시행 후 제2조제3항제2호의 개정규정에 해당하지 아니하게 되는 공무원은 이 법 시행일에 일반직공무원으로 임용된 것으로 본다. 이 경우 임용되는 직군, 직렬, 계급, 직급 및 근무형태, 인사관리 등에 관한 사항은 대통령령으로 정한다.

③ 이 법 시행 당시 재직 중인 계약직공무원 중 비서관·비서 등 정무직공무원을 보조·보좌하기 위하여 채용된 공무원은 이 법 시행일에 별정직공무원으로 임용된 것으로 보고, 그 밖의 계약직공무원은 대통령령으로 정하는 임용예정 직군, 직렬, 계급, 직급 등 인사관계 규정에 따라 이 법 시행일에 일반직공무원 중 임기제공무원으로 임용된 것으로 본다. 이 경우 임기제공무원으로서의 근무기간은 계약직공무원으로 채용될 당시 계약한 기간의 잔여기간으로 하고, 해당 기간 동안의 보수는 채용될 당시 계약에 따른다.

제5조(진행 중인 시험에 관한 경과조치) ① 이 법 시행 당시 진행 중인 기능직공무원 임용시험, 비서관·비서를 제외한 계약직공무원의 채용시험 및 부칙 제4조제2항 전단에 해당하는 별정직공무원의 임용시험에 합격한 사람은 각각 일반직공무원 임용시험에 합격한 사람으로 본다.

② 이 법 시행 전에 제1항에 따른 시험에 합격하였으나 이 법 시행 당시 아직 임용되지 아니한 사람은 일반직공무원 임용시험에 합격한 것으로 본다. 이 경우 임용되는 사항에 대하여는 부칙 제4조제1항 후단을 준용한다.

제6조(다른 법률의 개정) ① 지방행정체제 개편에 관한 특별법 일부

를 다음과 같이 개정한다.

제35조제1항 후단 중 "계약직 지방공무원"을 "임기제 지방공무원"으로 한다.

② 제주특별자치도 설치 및 국제자유도시 조성을 위한 특별법 일부를 다음과 같이 개정한다.

제14조제1항 중 "(「지방공무원법」 제2조제2항제1호의 일반직공무원은 제외한다)"를 "[「지방공무원법」 제2조제2항제1호의 일반직공무원(「지방공무원법」 제25조의5에 따른 임기제공무원은 제외한다)은 제외한다]"로 한다.

제17조제2항 본문 중 "일반직 또는 계약직 지방공무원"을 "일반직 지방공무원"으로 하고, 같은 조 제4항 중 "일반직 또는 계약직 지방공무원"을 "일반직 지방공무원"으로 한다.

제45조제2항 중 "5급 상당의 계약직 또는 별정직 지방공무원"을 "임기제 5급 지방공무원 또는 5급 상당의 별정직 지방공무원"으로 한다.

제49조제1항 중 "일반직지방공무원 및 기능직지방공무원"을 "일반직 지방공무원"으로 한다.

제50조제3항 중 "제30조의3 전단 및 후단"을 "제30조의3"으로 한다.

제53조제1항 단서 중 "일반직지방공무원(연구직·지도직공무원을 포함한다) 및 기능직지방공무원"을 "일반직 지방공무원(연구직·지도직 공무원을 포함한다)"으로 한다.

제66조의3제1항 중 "일반직·계약직·특정직"을 "일반직·특정직"

으로 한다.

③ 지방공무원 교육훈련법 일부를 다음과 같이 개정한다.

제10조제4항 중 “계약직공무원”을 “임기제공무원”으로 한다.

④ 경제자유구역의 지정 및 운영에 관한 특별법 일부를 다음과 같이 개정한다.

제27조의4제4항 중 “「지방공무원법」 제2조제4항”을 “「지방공무원법」 제25조의5제2항”으로, “지방계약직공무원”을 “지방임기제공무원”으로 하고, 같은 조 제7항 중 “계약직공무원”을 “임기제공무원”으로 한다.

⑤ 지방자치법 일부를 다음과 같이 개정한다.

제91조제2항 단서 중 “별정직·기능직·계약직 공무원”을 “별정직 공무원, 「지방공무원법」 제25조의5에 따른 임기제공무원”으로 한다.

제7조(다른 법령과의 관계) 이 법 시행 당시 다른 법령에서 종전의 「지방공무원법」의 규정을 인용한 경우 이 법 중 그에 해당하는 규정이 있을 때에는 종전의 규정을 갈음하여 이 법의 해당 규정을 인용한 것으로 본다.

부칙 〈제11690호, 2013. 3. 23.〉 (정부조직법)

제1조(시행일) ① 이 법은 공포한 날부터 시행한다.

② 생략

제2조 부터 제5조까지 생략

제6조(다른 법률의 개정) ①부터 〈198〉까지 생략

〈199〉 지방공무원법 일부를 다음과 같이 개정한다.

제6조의2제1항 중 "행정안전부장관"을 "안전행정부장관"으로 한다.

제27조제2항제8호, 제30조제2항, 제30조의2제1항 전단, 제63조제2항제3호, 제74조제2항 및 제81조 중 "교육과학기술부장관 또는 행전안전부장관"을 각각 "교육부장관 또는 안전행정부장관"으로 한다.

제30조의2제1항 전단 중 "교육과학기술부 또는 행정안전부"를 각각 "교육부 또는 안전행정부"로 한다.

제30조의2제3항 중 "교육과학기술부령, 행정안전부령"을 "교육부령, 안전행정부령"으로 한다.

제75조 중 "교육과학기술부, 행정안전부"를 "교육부, 안전행정부"로 한다.

〈200〉부터 〈710〉까지 생략

제7조 생략

부칙 〈제11997호, 2013. 8. 6.〉

제1조(시행일) 이 법은 공포 후 6개월이 경과한 날부터 시행한다. 다만, 제31조제1호의 개정규정 및 부칙 제3조는 공포한 날부터 시행한다.

제2조(질병 등으로 인한 휴직기간에 관한 적용례) 제64조제1호 본문의 개정규정은 이 법 시행 당시 제63조제1항제1호에 따라 휴직 중인 공무원에 대해서도 적용한다.

제3조(금치산자 등에 대한 경과조치) 제31조제1호의 개정규정에도 불구하고 같은 개정규정 시행 당시 이미 금치산 또는 한정치산의 선고를 받고 법률 제10429호 민법 일부개정법률 부칙 제2조에 따

라 금치산 또는 한정치산 선고의 효력이 유지되는 사람에 대해서는 종전의 규정에 따른다.

부칙 〈제12213호, 2014. 1. 7.〉

제1조(시행일) 이 법은 공포 후 3개월이 경과한 날부터 시행한다. 다만, 제71조의 개정규정은 공포한 날부터 시행한다.

제2조(인사위원회 위원의 제척·기피 및 회피에 관한 적용례) 제10조의2의 개정규정은 이 법 시행 후 소집되는 인사위원회의 회의부터 적용한다.

제3조(벌금형의 분리 선고에 관한 적용례) 제31조의2의 개정규정은 이 법 시행 후 발생한 범죄행위로 형벌을 받는 사람부터 적용한다.

부칙 〈제12235호, 2014. 1. 14.〉

이 법은 공포한 날부터 시행한다.

부칙 〈제12800호, 2014. 10. 15.〉

이 법은 공포한 날부터 시행한다.

부칙 〈제12844호, 2014. 11. 19.〉 (정부조직법)

제1조(시행일) 이 법은 공포한 날부터 시행한다. 다만, 부칙 제6조에 따라 개정되는 법률 중 이 법 시행 전에 공포되었으나 시행일이 도래하지 아니한 법률을 개정한 부분은 각각 해당 법률의 시행일부터 시행한다.

제2조 부터 제5조까지 생략

제6조(다른 법률의 개정) ①부터 〈104〉까지 생략

〈105〉 지방공무원법 일부를 다음과 같이 개정한다.

제6조의2제1항, 제27조제2항제8호, 제30조제2항, 제30조의2제1항 전단, 제63조제2항제3호, 제74조제2항 및 제81조 중 “안전행정부장관”을 각각 “행정자치부장관”으로 한다.

제30조의2제1항 전단 및 제75조 중 “안전행정부”를 각각 “행정자치부”로 한다.

제30조의2제3항 중 “안전행정부령”을 “행정자치부령”으로 한다.

〈106〉부터 〈258〉까지 생략

제7조 생략

부칙 〈제13292호, 2015. 5. 18.〉

제1조(시행일) 이 법은 공포 후 6개월이 경과한 날부터 시행한다. 다만, 제3조제1항, 제4조제2항제2호, 제25조의4, 제27조제2항제10호, 제61조제1호 단서, 제63조제2항제4호 및 제64조제8호의 개정규정은 공포한 날부터 시행한다.

제2조(신규임용시험의 가점 부여에 관한 적용례) 제34조의2의 개정규정은 이 법 시행 후 최초로 공고된 신규임용시험부터 적용한다.

제3조(파산선고를 받은 사람의 당연퇴직에 관한 적용례) 제61조제1호 단서의 개정규정은 이 법 시행 후 최초로 파산선고를 받은 사람부터 적용한다.

제4조(공무상 질병휴직 및 육아휴직에 관한 적용례) ① 제64조제1

호의 개정규정은 이 법 시행 당시 휴직 중인 사람에 대해서도 적용한다.

② 제64조제8호의 개정규정은 이 법 시행 전에 휴직하였거나 이 법 시행 당시 휴직 중인 사람에 대해서도 적용한다.

제5조(직위해제 대상에 관한 적용례) 제65조의3제1항제4호의 개정규정은 이 법 시행 후 최초로 발생한 비위행위에 대하여 감사원 및 검찰·경찰 등 수사기관에서 조사나 수사 중인 사람부터 적용한다.

제6조(징계부가금 대상 확대에 관한 적용례) 제69조의2제1항의 개정규정은 이 법 시행 후 최초로 징계 사유가 발생한 경우부터 적용한다.

제7조(견습근무 중인 사람에 대한 경과조치) 부칙 제1조 단서에 따른 시행일 당시 종전의 제25조의4에 따라 견습근무 중인 사람은 제25조의4의 개정규정에 따라 수습근무 중인 사람으로 본다.

제8조(시효에 관한 경과조치) 이 법 시행 전에 징계 및 징계부가금 부과 사유가 발생한 사람에 대하여는 제73조의2제1항의 개정규정에도 불구하고 종전의 규정에 따른다.

부칙 〈제13634호, 2015. 12. 29.〉

제1조(시행일) 이 법은 공포한 날부터 시행한다. 다만, 제30조의2제2항, 제63조제2항제7호, 제64조제10호, 제71조제1항부터 제3항까지의 개정규정은 공포 후 6개월이 경과한 날부터 시행한다.

제2조(결격사유 및 당연퇴직 등에 관한 적용례) 제31조제6호의3, 제31조의2 및 제61조제1호 단서의 개정규정은 이 법 시행 후 발생한

범죄행위로 형벌을 받는 사람부터 적용한다.

제3조(직위해제된 사람의 결원보충에 관한 적용례) 제41조제4항의 개정규정은 이 법 시행 당시 직위해제 중인 사람에 대해서도 적용한다.

제4조(징계의 효력에 관한 경과조치) 부칙 제1조 단서에 따른 시행일 전에 발생한 사유로 징계를 받는 사람에 대해서는 제71조제1항부터 제3항까지의 개정규정에도 불구하고 종전의 규정에 따른다.

부칙 〈제14183호, 2016. 5. 29.〉 (병역법)

제1조(시행일) 이 법은 공포 후 6개월이 경과한 날부터 시행한다. 〈단서 생략〉

제2조 부터 제4조까지 생략

제5조(다른 법률의 개정) ①부터 ⑲까지 생략

⑳ 지방공무원법 일부를 다음과 같이 개정한다.

제62조제1항제4호 중 "징병검사"를 "병역판정검사"로 한다.

㉑ 및 ㉒ 생략

부칙 〈제14839호, 2017. 7. 26.〉 (정부조직법)

제1조(시행일) ① 이 법은 공포한 날부터 시행한다. 다만, 부칙 제5조에 따라 개정되는 법률 중 이 법 시행 전에 공포되었으나 시행일이 도래하지 아니한 법률을 개정한 부분은 각각 해당 법률의 시행일부터 시행한다.

제2조 부터 제4조까지 생략

제5조(다른 법률의 개정) ①부터 〈87〉까지 생략

〈88〉 지방공무원법 일부를 다음과 같이 개정한다.

제6조의2제1항, 제27조제2항제8호, 제30조제2항, 제30조의2제1항 전단, 제63조제2항제3호, 제74조제2항 및 제81조 중 “행정자치부장관”을 각각 “행정안전부장관”으로 한다.

제30조의2제1항 전단 및 제75조 중 “행정자치부”를 각각 “행정안전부”로 한다.

제30조의2제3항 중 “행정자치부령”을 “행정안전부령”으로 한다.

〈89〉부터 〈382〉까지 생략

제6조 생략

부칙 〈제15522호, 2018. 3. 20.〉 (공무원 재해보상법)

제1조(시행일) 이 법은 공포 후 6개월이 경과한 날부터 시행한다. 〈단서 생략〉

제2조 부터 제28조까지 생략

제29조(다른 법률의 개정) ①부터 ⑯까지 생략

⑰ 지방공무원법 일부를 다음과 같이 개정한다.

제27조제2항제1호 중 “「공무원연금법」에 따른 공무상 질병 또는 부상”을 “「공무원 재해보상법」에 따른 공무상 부상 또는 질병”으로 한다.

제64조제1호가목을 다음과 같이 한다.

가. 「공무원 재해보상법」 제22조제1항에 따른 요양급여 지급대상 부상 또는 질병

제30조 생략

부칙 〈제15801호, 2018. 10. 16.〉

제1조(시행일) 이 법은 공포 후 6개월이 경과한 날부터 시행한다.

제2조(결격사유 및 당연퇴직에 관한 적용례) 제31조제6호의3 · 제6호의4 및 제61조제1호의 개정규정은 이 법 시행 후 저지른 죄로 형 또는 치료감호를 받거나 파면 · 해임된 사람부터 적용한다.

제3조(징계처분결과 통보에 관한 적용례) 제67조제2항의 개정규정은 이 법 시행 후 성폭력 범죄 및 성희롱에 해당하는 사유로 징계처분을 하는 경우부터 적용한다.

부칙 〈제16775호, 2019. 12. 10.〉

이 법은 2020년 4월 1일부터 시행한다.

부칙 〈제16884호, 2020. 1. 29.〉

제1조(시행일) 이 법은 공포 후 6개월이 경과한 날부터 시행한다. 다만, 제25조의6, 제63조제3항의 개정규정은 공포한 날부터 시행한다.

제2조(5급 공무원 공개경쟁임용시험에 합격한 사람의 신규임용후보자 명부에 대한 적용례) 제36조제4항의 개정규정은 이 법 시행 이후 시행하는 5급 공무원 공개임용경쟁시험에 합격한 사람의 신규임용후보자 명부부터 적용한다.

제3조(고충 처리에 관한 적용례) 제67조의2의 개정규정은 이 법 시

행 이후 제기되는 고충 상담 신청 또는 심사 청구부터 적용한다.

제4조(퇴직의 제한에 관한 적용례) 제69조의4의 개정규정은 이 법 시행 후 최초로 퇴직을 신청한 공무원부터 적용한다.

부칙 〈제17894호, 2021. 1. 12.〉 (피후견인 결격조항 정비를 위한 경비업법 등 10개 법률의 일부개정에 관한 법률)

이 법은 공포한 날부터 시행한다. 〈단서 생략〉

부칙 〈제18208호, 2021. 6. 8.〉

제1조(시행일) 이 법은 공포 후 6개월이 경과한 날부터 시행한다. 다만, 다음 각 호의 개정규정은 각 호의 구분에 따른 날부터 시행한다.

1. 제69조제2항부터 제4항까지 및 제71조제7항부터 제9항까지의 개정규정: 공포한 날
2. 제25조의4의 제목 및 같은 조 제1항의 개정규정: 2022년 1월 1일

제2조(직위해제에 따른 결원보충에 관한 적용례) 제41조제4항 및 제5항의 개정규정은 이 법 시행 당시 직위해제 중인 사람이 있는 경우에도 적용한다.

제3조(채용비위 관련자 합격취소에 관한 적용례) 제43조의3의 개정규정은 이 법 시행 이후 공무원 채용과 관련하여 비위를 저지른 경우부터 적용한다.

제4조(공무상 질병 또는 부상으로 인한 휴직 기간의 연장에 따른 적용례) 제64조제1호 단서의 개정규정은 이 법 시행 당시 종전의 규

정에 따라 휴직하였거나 휴직 중인 사람에 대해서도 적용한다.
제5조(지방소청심사위원회 및 교육소청심사위원회의 결정에 관한 경과조치) 이 법 시행 전에 청구되어 계속 중인 소청사건에 대해서는 제19조제2항의 개정규정에도 불구하고 종전의 규정에 따른다.
제6조(보수 및 실비보상 등 부정 수령자에 대한 가산징수에 관한 경과조치) 이 법 시행 전에 보수 및 실비보상 등을 거짓이나 그 밖의 부정한 방법으로 수령한 경우 그 가산징수에 관하여는 제45조제3항 및 제46조제3항의 개정규정에도 불구하고 종전의 규정에 따른다.
제7조(징계시효 연장에 관한 경과조치) 이 법 시행 전에 징계 등 사유가 발생한 경우 그 징계시효에 관하여는 제73조의2제1항의 개정규정에도 불구하고 종전의 규정에 따른다.

부칙 〈제18308호, 2021. 7. 20.〉 (장애인고용촉진 및 직업재활법)
제1조(시행일) 이 법은 공포한 날부터 시행한다. 다만, · · · 〈생략〉 · · · 부칙 제5조는 공포 후 6개월이 경과한 날부터 시행하고, · · · 〈생략〉 · · · 시행한다.
제2조 부터 제4조까지 생략
제5조(다른 법률의 개정) ① 생략
② 지방공무원법 일부를 다음과 같이 개정한다. 〈개정 2021. 10. 8.〉
제77조제2항을 다음과 같이 한다.
② 지방자치단체의 장과 지방의회의 의장은 소속 장애인 공무

원의 원활한 직무수행을 위하여 「장애인고용촉진 및 직업재활법」 제19조의2에 따른 근로지원인 서비스의 제공(중증장애인 공무원에 대한 것으로 한정한다) 또는 같은 법 제21조제1항제2호에 따른 작업보조 공학기기 또는 장비 등의 제공 등에 필요한 지원을 할 수 있다.

부칙 〈제18472호, 2021. 10. 8.〉

제1조(시행일) 이 법은 2022년 1월 13일부터 시행한다. 다만, 제41조의4제2항 및 제67조의2의 개정규정은 공포한 날부터 시행하고, 부칙 제3조제2항은 2022년 1월 21일부터 시행한다.

제2조(지방의회의 의장 소속 공무원의 임용에 관한 경과조치) 이 법 시행 당시 지방의회의 의장 소속의 공무원으로서 종전의 규정에 따라 지방자치단체의 장에게 소속되어 있던 지방공무원의 임용에 관하여 지방자치단체의 장이 한 행위나 지방자치단체의 장에 대하여 한 행위는 각각 이 법에 따라 지방의회의 의장이 한 행위나 지방의회의 의장에 대하여 한 행위로 본다.

제3조(다른 법률의 개정) ① 제주특별자치도 설치 및 국제자유도시 조성을 위한 특별법 일부를 다음과 같이 개정한다.

제47조제3항 각 호 외의 부분 중 “제37조제1항 · 제3항”을 “제37조제1항 · 제4항”으로 하고, 같은 조 제4항 중 “제67조의2제5항”을 “제67조의2제6항”으로 한다.

제87조제2항제1호 중 “제67조의2제2항 · 제3항”을 “제67조의2제2항 · 제4항”으로 한다.

② 법률 제18308호 장애인고용촉진 및 직업재활법 일부개정법률 일부를 다음과 같이 개정한다.

부칙 제5조제2항 중 "지방자치단체의 장은 장애인 공무원"을 "지방자치단체의 장과 지방의회의 의장은 소속 장애인 공무원"으로 한다.

부칙 〈제19108호, 2022. 12. 27.〉

제1조(시행일) 이 법은 공포한 날부터 시행한다.

제2조(결격사유 및 당연퇴직에 관한 적용례) 제31조제6호의3 및 제61조제1호 단서의 개정규정은 이 법 시행 이후 발생한 범죄행위로 형벌을 받는 사람부터 적용한다.

부칙 〈제20377호, 2024. 3. 19.〉

제1조(시행일) 이 법은 공포 후 6개월이 경과한 날부터 시행한다. 다만, 제14조제3항, 제31조제3호·제4호 및 제67조의4의 개정규정은 공포한 날부터 시행한다.

제2조(심사위원회 위원의 임기 등에 관한 적용례) ① 제14조제3항의 개정규정(임기에 관한 부분만 해당한다)은 같은 개정규정 시행 이후 심사위원회 위원으로 위촉(연임하여 위촉되는 경우를 포함한다)되는 경우부터 적용한다.

② 제14조제3항의 개정규정 시행 전에 심사위원회 위원으로 위촉된 사람이 같은 개정규정 시행 이후 연임하여 위촉되는 경우에는 그 연임하여 위촉되는 임기를 최초의 임기로 보아 같은 개정규정(연임에 관한 부분만 해당한다)을 적용한다.

제3조(휴직 등으로 인한 결원 보충에 관한 적용례) ① 제41조제1항제1호의 개정규정은 이 법 시행 이후 병가와 제63조제1항제1호에 따른 휴직을 연속하여 6개월 이상 사용하는 경우부터 적용한다.

② 제41조제1항제2호의 개정규정은 이 법 시행 당시 출산휴가 중이거나 제63조제2항제4호에 따른 휴직 중인 사람에 대해서도 적용한다.

제4조(징계처분결과의 통보에 관한 적용례) 제67조제2항제3호의 개정규정은 이 법 시행 전에 발생한 사유로 이 법 시행 이후 징계처분을 하는 경우에도 적용한다.

제5조(징계의 집행정지에 관한 적용례) 제71조제6항의 개정규정은 이 법 시행 이후 징계사유가 발생한 경우부터 적용한다.

제6조(다른 법률의 개정) 교육공무원법 일부를 다음과 같이 개정한다.

제57조제2항 중 “같은 항 본문”을 “같은 항 각 호 외의 부분 본문”으로, “같은 항 단서”를 “같은 항 제1호 중 ”제63조제1항제1호“는 ”「교육공무원법」 제44조제1항제1호“로 보며, 같은 항 제2호”로 한다.

제61조제2항 중 “같은 항 본문”을 “같은 항 각 호 외의 부분 본문”으로, “같은 항 단서”를 “같은 항 제1호 중 ”제63조제1항제1호“는 ”「교육공무원법」 제44조제1항제1호“로 보며, 같은 항 제2호”로 한다.

부칙 〈제20621호, 2024. 12. 31.〉

제1조(시행일) 이 법은 공포한 날부터 시행한다. 다만, 제73조제4항

의 개정규정은 공포 후 6개월이 경과한 날부터 시행한다.

제2조(결격사유 및 당연퇴직에 관한 적용례 등) ① 제31조제6호의4 및 제61조제1호(제31조제6호의4에 관한 개정부분으로 한정한다)의 개정규정은 법률 제15801호 지방공무원법 일부개정법률의 시행일인 2019년 4월 17일 이후 저지른 죄로 형 또는 치료감호를 선고받거나 징계로 파면·해임된 사람부터 적용한다.

② 2024년 6월 1일부터 이 법 시행일 전까지 임용된 일반직공무원으로서 2019년 4월 17일 이후 저지른 「아동·청소년의 성보호에 관한 법률」 제11조제5항 가운데 '아동·청소년성착취물임을 알면서 이를 소지한 죄'[종전의 「아동·청소년의 성보호에 관한 법률」(법률 제17338호로 개정되기 전의 것을 말한다) 제11조제5항 가운데 '아동·청소년이용음란물임을 알면서 이를 소지한 죄'를 포함한다]로 형을 선고받아 그 형이 이 법 시행일 전에 확정된 사람에 대해서는 제31조제6호의4 및 제61조제1호(제31조제6호의4에 관한 개정부분으로 한정한다)의 개정규정을 적용하되, 이 법 시행일에 당연히 퇴직한다.

③ 2024년 6월 1일 전에 임용된 일반직공무원으로서 2019년 4월 17일 이후 저지른 「아동·청소년의 성보호에 관한 법률」 제11조제5항 가운데 '아동·청소년성착취물임을 알면서 이를 소지한 죄'[종전의 「아동·청소년의 성보호에 관한 법률」(법률 제17338호로 개정되기 전의 것을 말한다) 제11조제5항 가운데 '아동·청소년이용음란물임을 알면서 이를 소지한 죄'를 포함한다]로 형을 선고받아 그 형이 2024년 6월 1일부터 이 법 시행일 전에 확정된 사람에 대해서

는 제31조제6호의4 및 제61조제1호(제31조제6호의4에 관한 개정부분으로 한정한다)의 개정규정을 적용하되, 이 법 시행일에 당연히 퇴직한다.

제3조(직위해제에 따른 결원 보충에 관한 적용례) 제41조제4항제2호의 개정규정은 이 법 시행 이후 제65조의3제1항제3호 또는 제4호에 따라 직위해제를 하는 경우부터 적용한다.

제4조(조사·수사 자료의 제공 요청에 관한 적용례) 제73조제4항의 개정규정은 부칙 제1조 단서에 따른 시행일 전에 제73조제3항에 따른 조사 또는 수사 종료 통보를 받은 경우에 대해서도 적용한다.

제5조(개방형 직위 지정에 관한 경과조치) ① 이 법 시행 당시 개방형 직위로 지정된 것으로 보는 직위에 대하여 임용절차가 진행 중인 경우에는 제29조의4제1항 후단의 개정규정에도 불구하고 종전의 규정에 따른다.

② 이 법 시행 당시 개방형 직위로 지정된 것으로 보는 직위에 임용된 사람(제1항에 따라 개방형 직위에 임용된 사람을 포함한다)에 대해서는 제29조의4제1항 후단의 개정규정에도 불구하고 그 임용기간이 만료될 때까지 개방형 직위에 임용된 사람으로 본다.

대한민국 법령 시리즈 271

지방공무원법

법령 / 시행령 / 시행규칙

2025년 8월 13일 인쇄 정가 16,000원
2025년 8월 23일 발행

편 저 편집부
디 자 인 송영미
발 행 인 조준형
발 행 처 해광출판사
http://www.hgbookpub.com
E-mail : munbookcokr@naver.com
주 소 부산광역시 중구 해관로 41-1 (중앙동2가)
전화번호 (051) 253-0001 팩스 (051) 245-1187
등 록 제 2012-000005호

해광출판사에서는 여러분의 소중한 원고와 함께 할 기회를 기다리고 있습니다. 책으로 엮을 원고나 아이디어가 있으신 분들은 이메일 munbookcokr@naver.com 로 책에 대한 간단한 개요와 원고 전체 또는 일부를 연락처와 함께 보내주십시오.

ISBN 979-11-6881-865-1

※ 법령 출처 : 법제처 국가법령정보센터
※ 본 도서는 〈공공데이터 제공 및 이용 활성화에 관한 법률〉을 근거로 출판되었습니다.

해광출판사 대한민국 법령 시리즈

001. 선원법
002. 어선법
003. 선박직원법
004. 해사안전기본법
005. 해양환경관리법
006. 선박의 입항 및 출항등에 관한 법률
007. 학교안전사고예방 및 보상에 관한 법률
008. 종합부동산세법
009. 방위사업법
010. 행정규제기본법
011. 식품산업진흥법
012. 위험물안전관리법
013. 화재의 예방 및 안전관리에 관한 법률
014. 도시가스사업법
015. 실내공기질관리법
016. 지방세법
017. 소득세법
018. 법인세법
019. 도선법
020. 선박안전법
021. 선박법
022. 수산업법
023. 고압가스안전관리법
024. 국민연금법
025. 공동주택관리법
026. 화학물질관리법
027. 어선원 및 어선 재해보상보험법
028. 장기등 이식에 관한 법률
029. 자연재해대책법
030. 공유재산 및 물품 관리법
031. 산업입지 및 개발에 관한 법률
032. 부정경쟁방지 및 영업비밀보호에 관한 법률
033. 금융지주회사법
034. 온실가스 배출권의 할당 및 거래에 관한 법률
035. 건축사법
036. 산림문화휴양에 관한 법률
037. 전기사업법
038. 사립학교법
039. 고등교육법
040. 액화석유가스의 안전관리 및 사업법
041. 선박투자회사법
042. 수산자원관리법
043. 위험물선박운송및저장규칙
044. 선박평형수관리법
045. 주택임대차보호법
046. 상가건물임대차보호법
047. 지방공기업법
048. 승강기안전관리법
049. 수목원·정원의 조성 및 진흥에 관한 법률
050. 민법
051. 치료감호 등에 관한 법률
052. 대부업 등의 등록 및 금융이용자 보호에 관한 법률
053. 사료관리법
054. 무형문화재 보전 및 진흥에 관한 법률
055. 총포·도검·화약류 등의 안전관리에 관한 법률
056. 경찰관직무집행법
057. 시설물의 안전 및 유지관리에 관한 특별법
058. 수산생물질병 관리법
059. 소비자기본법
060. 국제선박등록법
061. 정보통신망 이용촉진 및 정보보호 등에 관한 법률
062. 해운법
063. 농수산물 품질관리법
064. 수산업협동조합법
065. 해외건설촉진법
066. 수상레저안전법
067. 공무원재해보상법
068. 수상에서의 수색·구조 등에 관한 법률
069. 어촌어항법
070. 항만법
071. 항만운송사업법
072. 해양경비법
073. 해양사고의 조사 및 심판에 관한 법률
074. 외국인근로자의 고용 등에 관한 법률
075. 중소기업기본법
076. 자유무역지역의 지정 및 운영에 관한 법률
077. 대기환경보전법
078. 소음진동관리법
079. 폐기물관리법
080. 하수도법
081. 물환경보전법
082. 토양환경보전법
083. 환경정책기본법
084. 산업재해보상보험법
085. 관세법
086. 노동조합 및 노동관계조정법
087. 근로기준법
088. 군인연금법
089. 먹는물관리법
090. 기술보증기금법
091. 관광진흥법
092. 감염병의 예방 및 관리에 관한 법률
093. 사법경찰관리의 직무를 수행할 자와 그 직무범위에 관한 법률
094. 수의사법
095. 가정폭력방지 및 피해자보호 등에 관한 법률
096. 환경영향평가법
097. 체육시설의 설치 · 이용에 관한 법률
098. 장사 등에 관한 법률
099. 상호저축은행법
100. 은행법
101. 보호관찰 등에 관한 법률
102. 형법
103. 자동차관리법
104. 형사소송법
105. 전자금융거래법
106. 마약류 불법거래 방지에 관한 특례법
107. 도로법
108. 주세법
109. 변리사법
110. 하천법
111. 중소기업진흥에 관한 법률
112. 발달장애인 권리보장 및 지원에 관한 법률
113. 주택법
114. 장애인복지법
115. 농어업경영체 육성 및 지원에 관한 법률
116. 공인중개사법
117. 건강기능식품에 관한 법률
118. 예비군법
119. 개발제한구역의 지정 및 관리에 관한 특별조치법
120. 국유재산법
121. 주차장법
122. 환경기술 및 환경산업 지원법
123. 대기관리권역의 대기환경개선에 관한 특별법
124. 악취방지법
125. 미세먼지 저감 및 관리에 관한 특별법
126. 가축분뇨의 관리 및 이용에 관한 법률
127. 물의 재이용 촉진 및 지원에 관한 법률
128. 물관리기본법
129. 물관리기술 발전 및 물산업 진흥에 관한 법률
130. 자원의 절약과 재활용촉진에 관한 법률
131. 전기 · 전자제품 및 자동차의 자원순환에 관한 법률
132. 건설폐기물의 재활용촉진에 관한 법률
133. 수도권매립지관리공사의 설립 및 운영 등에 관한 법률
134. 폐기물의 국가 간 이동 및 그 처리에 관한 법률
135. 폐기물처리시설 설치촉진 및 주변지역지원 등에 관한 법률
136. 자원순환기본법
137. 잔류성오염물질 관리법
138. 환경분쟁 조정법

해광출판사 대한민국 법령 시리즈

139. 화학물질의 등록 및 평가 등에 관한 법률
140. 환경오염시설의 통합관리에 관한 법률
141. 환경오염피해 배상책임 및 구제에 관한 법률
142. 중소기업제품 구매촉진 및 판로지원에 관한 법률
143. 환경개선비용 부담법
144. 환경분야 시험·검사 등에 관한 법률
145. 환경친화적 산업구조로의 전환촉진에 관한 법률
146. 환경친화적 자동차의 개발 및 보급 촉진에 관한 법률
147. 환경범죄 등의 단속 및 가중처벌에 관한 법률
148. 생명윤리 및 안전에 관한 법률
149. 장애인차별금지 및 권리구제 등에 관한 법률
150. 부동산투자회사법
151. 정치자금법
152. 과학기술기본법
153. 대리점거래의 공정화에 관한 법률
154. 상속세 및 증여세법
155. 학원의 설립 · 운영 및 과외교습에 관한 법률
156. 해양심층수의 개발 및 관리에 관한 법률
157. 전기용품 및 생활용품 안전관리법
158. 사회기반시설에 대한 민간투자법
159. 공직선거법
160. 정당법
161. 유류오염손해배상 보장법
162. 부정청탁 및 금품등 수수의 금지에 관한 법률
163. 항로표지법
164. 어장관리법
165. 민방위기본법
166. 공직자윤리법
167. 선거관리위원회법
168. 유선 및 도선 사업법
169. 전기공사업법
170. 사회복지사업법
171. 택지개발촉진법
172. 국가공무원법
173. 민간임대주택에 관한 특별법
174. 어음법·수표법
175. 민사집행법
176. 상법
177. 문화예술진흥법
178. 중소기업협동조합법
179. 농업협동조합법
180. 도로교통법
181. 의료사고 피해구제 및 의료분쟁 조정 등에 관한 법률
182. 산림보호법
183. 소년법
184. 동물보호법
185. 건축물관리법
186. 도시개발법
187. 화물자동차 운수사업법
188. 도시 및 주거환경정비법
189. 의료법
190. 국회법
191. 응급의료에 관한 법률
192. 출입국관리법
193. 노인복지법
194. 산림자원의 조성 및 관리에 관한 법률
195. 청소년 보호법
196. 초 · 중등교육법
197. 혁신도시 조성 및 발전에 관한 특별법
198. 경제자유구역의 지정 및 운영에 관한 특별법
199. 공공기관의 운영에 관한 법률
200. 대한민국헌법
201. 국민기초생활 보장법
202. 저작권법
203. 가사소송법
204. 국가유공자 등 예우 및 지원에 관한 법률
205. 국민체육진흥법
206. 전통주 등의 산업진흥에 관한 법률
207. 재난 및 안전관리 기본법
208. 정보통신공사업법
209. 주식회사 등의 외부감사에 관한 법률
210. 공익사업을 위한 토지 등의 취득 및 보상에 관한 법률
211. 개인정보 보호법
212. 국세기본법
213. 에너지이용 합리화법
214. 감정평가 및 감정평가사에 관한 법률
215. 국가인권위원회법
216. 가맹사업거래의 공정화에 관한 법률
217. 보건의료기본법
218. 산업안전보건법
219. 법무사법
220. 교육공무원법
221. 특허법
222. 민사소송법
223. 아동복지법
224. 전파법
225. 하도급거래 공정화에 관한 법률
226. 기초연금법
227. 사립학교교직원 연금법
228. 직업안정법
229. 장애아동 복지지원법
230. 부동산등기법
231. 자동차손해배상 보장법
232. 철도안전법
233. 항공안전법
234. 전자상거래 등에서의 소비자보호에 관한 법률
235. 독점규제 및 공정거래에 관한 법률
236. 상표법
237. 채무자 회생 및 파산에 관한 법률
238. 공무원연금법
239. 축산법
240. 근로복지기본법
241. 민원 처리에 관한 법률
242. 약사법
243. 방문판매 등에 관한 법률
244. 건축기본법
245. 지방세기본법
246. 지방세징수법
247. 지방자치법
248. 도시교통정비 촉진법
249. 공공주택 특별법
250. 국세징수법
251. 공인노무사법
252. 중대재해 처벌 등에 관한 법률
253. 외무공무원법
254. 소방시설공사업법
255. 검역법
256. 공중위생관리법
257. 할부거래에 관한 법률
258. 인터넷 멀티미디어 방송사업법
259. 전기통신사업법
260. 제품안전기본법
261. 철도사업법
262. 어린이제품 안전 특별법
263. 영유아보육법
264. 원자력안전법
265. 보험업법
266. 경비업법
267. 교통안전법
268. 세무사법
269. 관세사법
270. 공인회계사법
271. 지방공무원법
272. 고용정책 기본법
273. 국가경찰과 자치경찰의 조직 및 운영에 관한 법률
274. 협동조합 기본법
275. 재해구호법
276. 환경보건법

해광출판사 **대한민국 법령 시리즈**

277. 자살예방 및 생명존중문화 조성을 위한 법률
278. 소방산업의 진흥에 관한 법률
279. 소방기본법
280. 비송사건절차법
281. 자연환경보전법
282. 변호사법
283. 기업구조조정투자회사법
284. 전기통신기본법
285. 에너지법
286. 해양생태계의 보전 및 관리에 관한 법률
287. 사회보장기본법
288. 통신비밀보호법
289. 공증인법
290. 물류시설의 개발 및 운영에 관한 법률
291. 청소년활동 진흥법
292. 형의 집행 및 수용자의 처우에 관한 법률
293. 도시공원 및 녹지 등에 관한 법률
294. 태권도 진흥 및 태권도공원 조성 등에 관한 법률
295. 녹색건축물 조성 지원법
296. 우편법
297. 예금자보호법
298. 건설산업기본법
299. 금융회사의 지배구조에 관한 법률
300. 장애인활동 지원에 관한 법률
301. 언론중재 및 피해구제 등에 관한 법률
302. 국가재정법
303. 농지법
304. 게임산업진흥에 관한 법률
305. 정신건강증진 및 정신질환자 복지서비스 지원에 관한 법률
306. 디자인보호법
307. 의료기사 등에 관한 법률
308. 스마트도시 조성 및 산업진흥 등에 관한 법률
309. 내수면어업법
310. 한국주택금융공사법
311. 의료기기법
312. 유통산업발전법
313. 전통시장 및 상점가 육성을 위한 특별법
314. 여신전문금융업법
315. 해외자원개발 사업법
316. 산업교육진흥 및 산학연협력촉진에 관한 법률
317. 빈집 및 소규모주택 정비에 관한 특례법
318. 기업도시개발 특별법
319. 전력기술관리법
320. 국토기본법
321. 지하수법
322. 식품위생법
323. 광업법
324. 호스피스·완화의료 및 임종과정에 있는 환자의 연명의료결정에 관한 법률
325. 주식·사채 등의 전자등록에 관한 법률
326. 표시·광고의 공정화에 관한 법률
327. 골재채취법
328. 국민건강증진법
329. 새마을금고법
330. 여객자동차 운수사업법
331. 마리나항만의 조성 및 관리 등에 관한 법률
332. 한부모가족지원법
333. 국가를 당사자로 하는 계약에 관한 법률
334. 지방자치단체를 당사자로 하는 계약에 관한 법률
335. 축산물 위생관리법
336. 병역법
337. 음악산업진흥에 관한 법률
338. 국가균형발전 특별법
339. 첨단재생의료 및 첨단바이오의약품 안전 및 지원에 관한 법률
340. 공간정보의 구축 및 관리 등에 관한 법률
341. 공유수면 관리 및 매립에 관한 법률
342. 농수산물 유통 및 가격안정에 관한 법률
343. 아시아문화중심도시 조성에 관한 특별법
344. 신탁법
345. 자연공원법
346. 생활화학제품 및 살생물제의 안전관리에 관한 법률
347. 군인사법
348. 국제조세조정에 관한 법률
349. 낙동강수계 물관리 및 주민지원 등에 관한 법률
350. 주민등록법
351. 집합건물의 소유 및 관리에 관한 법률
352. 집단에너지사업법
353. 산림조합법
354. 반도체집적회로의 배치설계에 관한 법률
355. 자본시장과 금융투자업에 관한 법률
356. 담보부사채신탁법
357. 근로자퇴직급여 보장법
358. 국제과학비즈니스벨트 조성 및 지원에 관한 특별법
359. 수도법
360. 식품 등의 표시·광고에 관한 법률
361. 약관의 규제에 관한 법률
362. 인삼산업법
363. 종자산업법
364. 항공사업법
365. 건설기계관리법
366. 군형법
367. 궤도운송법
368. 기술의 이전 및 사업화 촉진에 관한 법률
369. 농수산물의 원산지 표시 등에 관한 법률
370. 담배사업법
371. 석유 및 석유대체연료 사업법
372. 가축전염병 예방법
373. 농어촌정비법
374. 식물신품종 보호법
375. 항공보안법
376. 중소기업창업 지원법
377. 군사법원법
378. 우주개발 진흥법
379. 해저광물자원 개발법
380. 산림복지 진흥에 관한 법률
381. 지능형 로봇 개발 및 보급 촉진법
382. 헌법재판소법
383. 옥외광고물 등의 관리와 옥외광고산업 진흥에 관한 법률
384. 혈액관리법
385. 국제항해선박 등에 대한 해적행위 피해예방에 관한 법률
386. 유료도로법
387. 독립유공자예우에 관한 법률
388. 신에너지 및 재생에너지 개발·이용·보급 촉진법
389. 신용정보의 이용 및 보호에 관한 법률
390. 출판문화산업 진흥법
391. 공항시설법
392. 국민 평생 직업능력 개발법
393. 아동·청소년의 성보호에 관한 법률
394. 방송법쉬
395. 신용보증기금법
396. 화장품법
397. 청소년 기본법
398. 인터넷주소자원에 관한 법률
399. 양곡관리법
400. 도로명주소법
401. 전자문서 및 전자거래 기본법
402. 산업기술의 유출방지 및 보호에 관한 법률
403. 국가기술자격법
404. 양식산업발전법
405. 산업기술혁신 촉진법
406. 새만금사업 추진 및 지원에 관한 특별법
407. 전자정부법
408. 지역 개발 및 지원에 관한 법률
409. 한국농어촌공사 및 농지관리기금법
410. 계량에 관한 법률
411. 기업활동 규제완화에 관한 특별조치법
412. 군에서의 형의 집행 및 군수용자의 처우에 관한 법률

해광출판사 대한민국 법령 시리즈

413. 규제자유특구 및 지역특화발전특구에 관한 규제특례법
414. 금융위원회의 설치 등에 관한 법률
415. 남녀고용평등과 일·가정 양립 지원에 관한 법률
416. 농어업인 삶의 질 향상 및 농어촌지역 개발촉진에 관한 특별법
417. 댐건설·관리 및 주변지역지원 등에 관한 법률
418. 국가유산수리 등에 관한 법률
419. 법원조직법
420. 보훈보상대상자 지원에 관한 법률
421. 부패방지 및 국민권익위원회의 설치와 운영에 관한 법률
422. 과학기술분야 정부출연연구기관 등의 설립·운영 및 육성에 관한 법률
423. 연구개발특구의 육성에 관한 특별법
424. 친환경농어업 육성 및 유기식품 등의 관리·지원에 관한 법률
425. 연안관리법
426. 영화 및 비디오물의 진흥에 관한 법률
427. 신용협동조합법
428. 방송통신발전 기본법
429. 범죄피해자 보호법
430. 가축 및 축산물 이력관리에 관한 법률
431. 국가표준기본법
432. 국가통합교통체계효율화법
433. 범죄인 인도법
434. 국가과학기술 경쟁력 강화를 위한 이공계지원 특별법
435. 국제경기대회 지원법
436. 금융혁신지원 특별법
437. 수자원의 조사·계획 및 관리에 관한 법률
438. 축산자조금의 조성 및 운용에 관한 법률
439. 소방시설 설치 및 관리에 관한 법률
440. 양성평등기본법
441. 축산계열화사업에 관한 법률
442. 수입식품안전관리 특별법
443. 대외무역법
444. 국가연구개발사업 등의 성과평가 및 성과관리에 관한 법률
445. 무역보험법
446. 기술사법
447. 광산안전법
448. 농약관리법
449. 농업·농촌 및 식품산업 기본법
450. 문화산업진흥 기본법
451. 부담금관리 기본법
452. 야생생물 보호 및 관리에 관한 법률
453. 한국은행법
454. 별정우체국법
455. 원양산업발전법
456. 콘텐츠산업 진흥법
457. 한국수출입은행법
458. 외국인투자 촉진법
459. 물류정책기본법
460. 전자서명법
461. 산업발전법
462. 산업표준화법
463. 소프트웨어 진흥법
464. 토지이용규제 기본법
465. 해수욕장의 이용 및 관리에 관한 법률
466. 정보통신 진흥 및 융합 활성화 등에 관한 특별법
467. 정보통신산업 진흥법
468. 지진·화산재해대책법
469. 소금산업진흥법
470. 위치정보의 보호 및 이용 등에 관한 법률
471. 외국법자문사법
472. 이러닝(전자학습)산업 발전 및 이러닝 활용 촉진에 관한 법률
473. 암관리법
474. 실용신안법
475. 가족관계의 등록 등에 관한 법률
476. 무인도서의 보전 및 관리에 관한 법률
477. 감사원법
478. 정보보호산업의 진흥에 관한 법률
479. 결혼중개업의 관리에 관한 법률
480. 공익신고자 보호법
481. 박물관 및 미술관 진흥법
482. 낚시 관리 및 육성법
483. 동산·채권 등의 담보에 관한 법률
484. 임금채권보장법
485. 국민투표법
486. 농림수산업자 신용보증법
487. 국가채권 관리법
488. 중소기업은행법
489. 식품안전기본법
490. 외국환거래법
491. 발명진흥법
492. 건설기술 진흥법
493. 기후위기 대응을 위한 탄소중립·녹색성장 기본법
494. 인체조직안전 및 관리 등에 관한 법률
495. 엔지니어링산업 진흥법
496. 신문 등의 진흥에 관한 법률
497. 식물방역법
498. 석탄산업법
499. 산업융합 촉진법
500. 비료관리법
501. 임업 및 산촌 진흥촉진에 관한 법률
502. 복권 및 복권기금법
503. 대규모유통업에서의 거래 공정화에 관한 법률
504. 뉴스통신 진흥에 관한 법률
505. 지능정보화 기본법
506. 자격기본법
507. 중소기업 기술혁신 촉진법
508. 국가공간정보 기본법
509. 농어업재해대책법
510. 방송광고판매대행 등에 관한 법률
511. 지식재산 기본법
512. 초고층 및 지하연계 복합건축물 재난관리에 관한 특별법
513. 해양 조사와 해양정보 활용에 관한 법률
514. 공간정보산업 진흥법
515. 공공기관의 정보공개에 관한 법률
516. 행정기본법
517. 해상교통안전법
518. 농어업재해보험법
519. 문화유산의 보존 및 활용에 관한 법률
520. 자연유산의 보존 및 활용에 관한 법률
521. 국토의 계획 및 이용에 관한 법률
522. 건축법
523. 국민건강보험법
524. 계엄법
525. 환경친화적 선박의 개발 및 보급 촉진에 관한 법률
526. 해양폐기물 및 해양오염퇴적물 관리법
527. 연안사고 예방에 관한 법률
528. 전기안전관리법
529. 의약품 등의 안전에 관한 규칙
530. 공공보건의료에 관한 법률
531. 군보건의료에 관한 법률
532. 농어촌 등 보건의료를 위한 특별조치법
533. 보호소년 등의 처우에 관한 법률
534. 국가를 당사자로 하는 소송에 관한 법률
535. 간호법
536. 국립묘지의 설치 및 운영에 관한 법률
537. 주류 면허 등에 관한 법률
538. 부가가치세법

* 해광출판사의 법령 시리즈는 계속 발행 됩니다.
** 각 도서의 개정판은 인쇄일을 기준으로 제작 되었습니다.